Indianische Zöpfe & Freundschaftsbänder

Clotilde Chevreau

Fotografien: Jean-François Hamon

Mein Dank gilt allen, die mir bei den Arbeiten
zu diesem Buch geholfen haben:
Laurence Noirot
Joël Charles, von Dorures Louis Mathieu
Jean-Pierre Martinez
meiner Mutter
Xavier
und meinen fünf wunderbaren Mannequins:
Sabrina Doumbia
Vanessa Doumbia
Sophie Henriot
Albane Marret
Isaure Marret

Dank auch an die Firma DMC, die die Garne
zur Verfügung gestellt hat.

Übersetzung: Bertrun Jeitner-Hartmann

In Italien gedruckt von Canale - Turin
ISBN: 2-283-58216-4

Vorwort

Nach den brasilianischen Freundschaftsbändern als Glücksbringern schickt uns nun Nordamerika indianische Zöpfe und Flechtschmuck.

Als ein Erbe von Sioux, Apachen und Cheyennen schmücken diese traditionellen Haarverzierungen der Indianer heute die Köpfe der Jugendlichen in ganz Europa. Vielleicht ist das eine Art Reminiszenz an ihre Kindheit, wo sie sich Federschmuck in Stirnbänder gesteckt haben, um als kleine Indianer wilde Tänze und Kämpfe aufzuführen.

Die jungen Weltenbummler, die diese Technik mit nach Europa gebracht haben, haben ihr Wissen mündlich und "von Hand zu Hand" weitervermittelt. Es entstanden bald auch Armbänder und Halsschmuck, und die Motive wurden immer vielfältiger.

In diesem Buch wird die traditionelle Technik vorgestellt, die jedem erlaubt, sich einmal für einen Abend oder gar auch mehrere Wochen in ein indianisch geschmücktes Wesen zu verwandeln.

Wie schon bei den Freundschaftsbändern braucht es auch hierfür keine weiteren großen Voraussetzungen als ein paar bunte Fäden und geschickte Finger.

Inhaltsangabe

Grundtechniken

Der Anfang

Die einzelnen Modelle

Grundtechniken

Das Prinzip ist einfach: Um eine Art Trägerfaden (= das Innere eines Zopfes, bestehend aus verschiedenfarbigen Fäden und aus Haaren, wenn man seinen Zopf direkt ins Haar flechten möchte) wird ein Faden, der Arbeitsfaden, gewickelt. Der Arbeitsfaden wechselt je nach gewünschtem Motiv: Es kann ein doppelter Faden sein, bestehend aus zwei gleichen oder zwei verschiedenfarbigen Fäden, man kann ihn aber auch drei- oder vierfach nehmen.
Die Trägerfäden dienen als Fadenreserve, mit deren Hilfe man die Muster bestimmt, und aus deren Mitte man sich neue Arbeitsfäden auswählt (Abbildung 1).

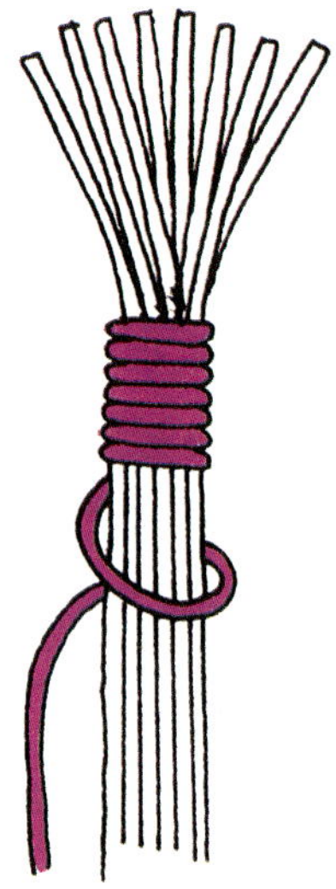

1

Das wird gebraucht

Als Garn für die Zöpfe wird Perlgarn von DMC empfohlen, das in allen Handarbeitsgeschäften zu finden ist.
Für Anfänger eignet sich Fadenstärke Nr. 3: Da sie etwas stärker ist, kommt man rascher voran und kann sich zudem beim Zählen der einzelnen Wickelrunden einfacher orientieren. Außerdem genügen 7 oder 8 Fäden für einen vergleichsweise dicken Zopf.
Bei ausgeklügelteren oder umfassenderen Arbeiten sollte man sich für Faden Nr. 5 entscheiden. Wer damit einen ebenso dicken Zopf wie den mit Faden Nr.3 geflochtenen erhalten möchte, muß dann mindestens 10 Fäden aufnehmen.

Vorbereitung der Fäden

Bevor man beginnt, sollte man sich die Fäden zurechtlegen: das Papierband wird vom Strang gelöst, wobei man dasjenige mit der Farbnummer gut aufheben sollte. Der Strang wird geöffnet, sodaß man einen “Ring” erhält, der von einem Knoten zusammengehalten wird. Wer die Fäden auf der Höhe dieses Knotens abschneidet, erhält Fäden von ca. 1 m Länge, die dann als Grundlage für das Flechten dienen.

Länge des Zopfes

Da die Zöpfe ursprünglich direkt ins Haar geflochten wurden, ist es schwierig, eine Standardlänge vorzugeben, da jeder verschieden lange Haare hat. Als Anhaltspunkt dennoch hier ein paar Maße:
– Fäden von 1 m Länge ergeben Zöpfe von 40 bis 45 cm.
– Für einen 25 cm langen Zopf braucht man Fäden von 50 cm, bzw. einen doppelt gelegten Faden von 1 m Länge;
– die Fäden für ein Armband sollten 30 bis 40 cm lang sein, anzufügende Fäden von 1 m kann man doppelt nehmen.

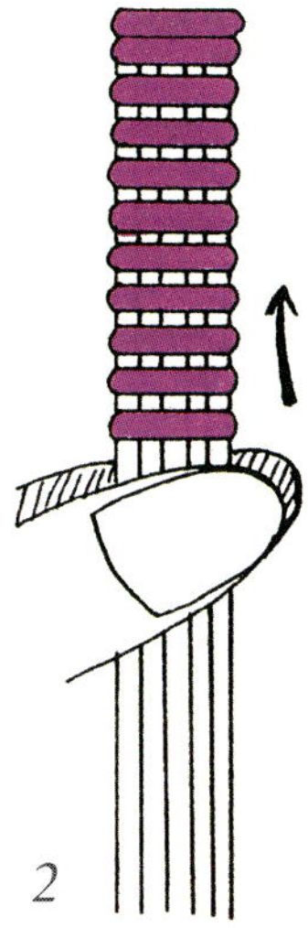

2

Das Umwickeln

Wird von links nach rechts ausgeführt. Arbeitsfaden gut und regelmäßig festziehen, sodaß die darunter liegenden Fäden nicht mehr zu sehen sind (Abbildung 1).
Fäden regelmäßig aneinanderdrücken, indem man sie auf den Trägerfäden hochschiebt (Abbildung 2).

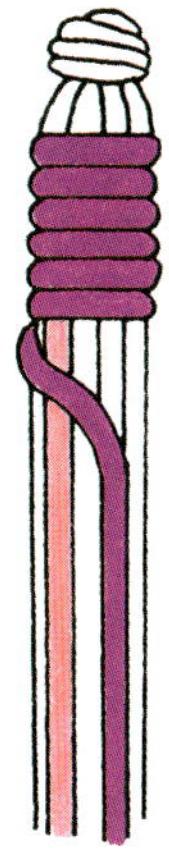

3

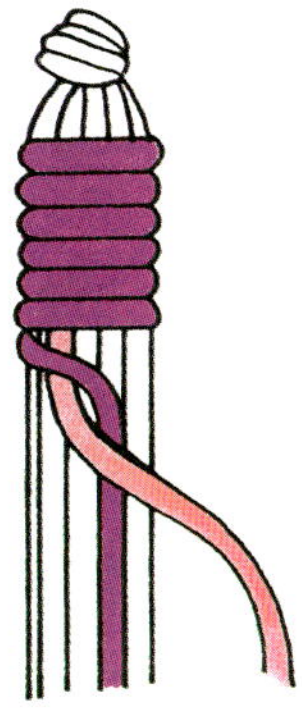

4

Fadenwechsel

Will man die Farbe des Arbeitsfadens wechseln, wird der Faden, mit dem man gerade gearbeitet hat, zu den Trägerfäden gelegt (Abbildung 3).
Der neue Arbeitsfaden wird aufgenommen, und zwar immer links von dem Arbeitsfaden, den man gerade abgelegt hat (Abbildung 4).
Wenn man mit dem neuen Faden weiterarbeitet, den alten Arbeitsfaden zusammen mit den Restfäden fest umwickeln (Abbildung 5).
Bei der Auswahl der Fäden aus dem liegenden Bund jeweils den Längsten von der gewünschten Farbe aufnehmen.

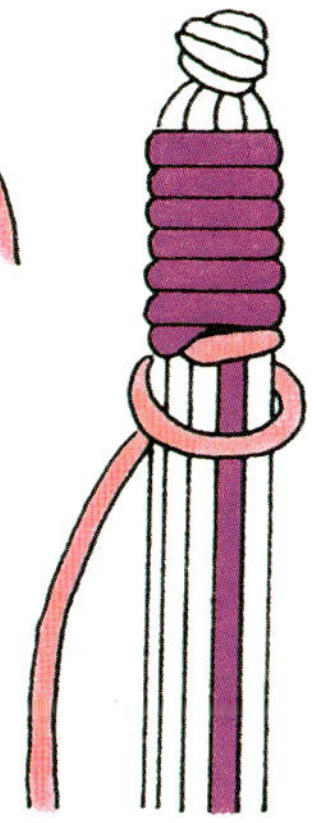

5

Auswahl der Fäden

Will man bestimmte Muster einflechten, muß man sich die gewünschten Farbfäden aus den Trägerfäden wählen.
Um ungestört arbeiten zu können, sollte man die ausgewählten Fäden möglichst nach oben ablegen (Abbildung 6).
Werden sie für längere Zeit beiseite gelegt, kann man sie mit einerWäscheklammer befestigen.

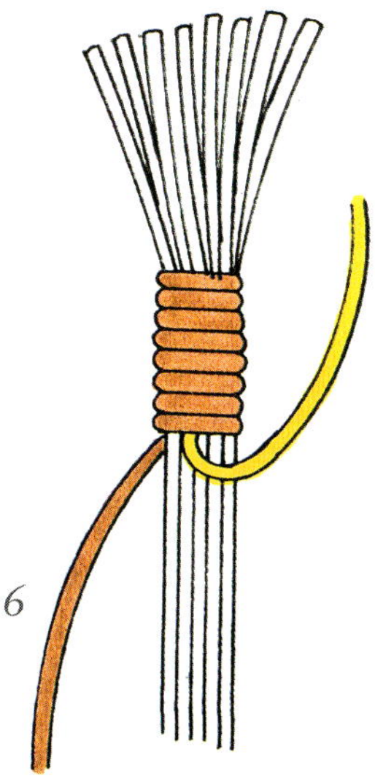

6

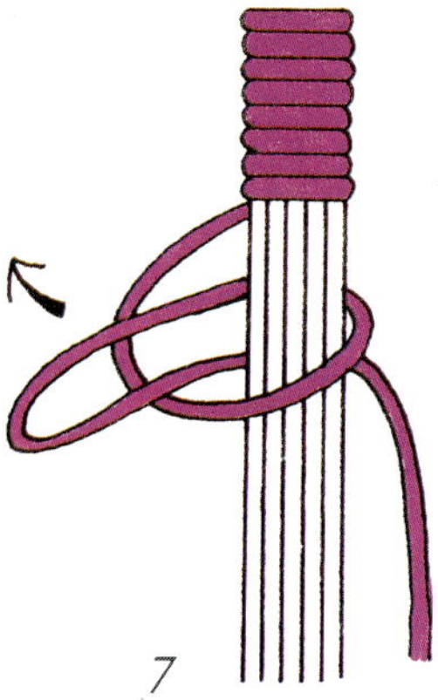

7

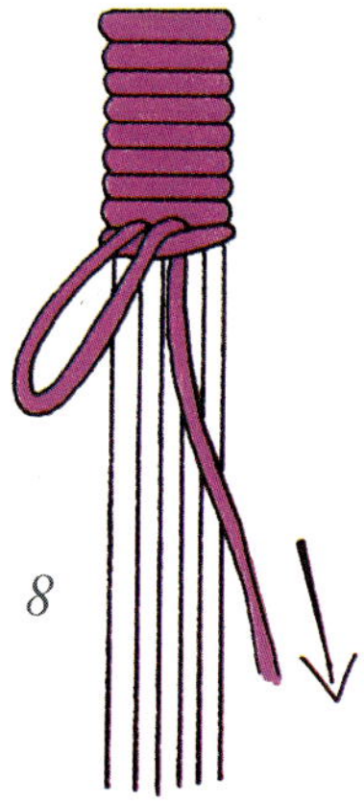

8

"Warteschleife"

Wenn man ein bestimmes Motiv flicht, wird man manchmal den Arbeitsfaden loslassen müssen, um andere vorzubereiten. Damit die bereits umwickelte Arbeit sich nicht wieder auflöst, kann man den Arbeitsfaden zu einer Schlinge legen, wie es Abbildung 7 zeigt.
Will man dann wieder weiterarbeiten, genügt es, am Faden zu ziehen, und die Schlinge löst sich (Abbildung 8).
Genauso kann man vorgehen, wenn man seine Arbeit einmal unterbricht.

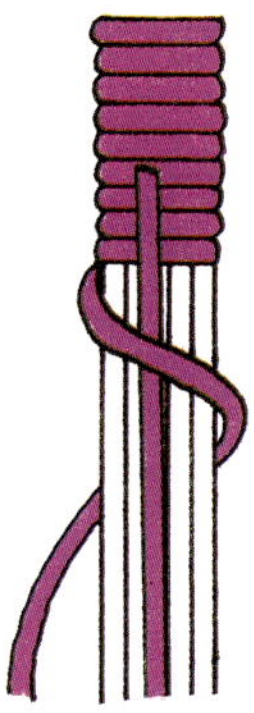

9

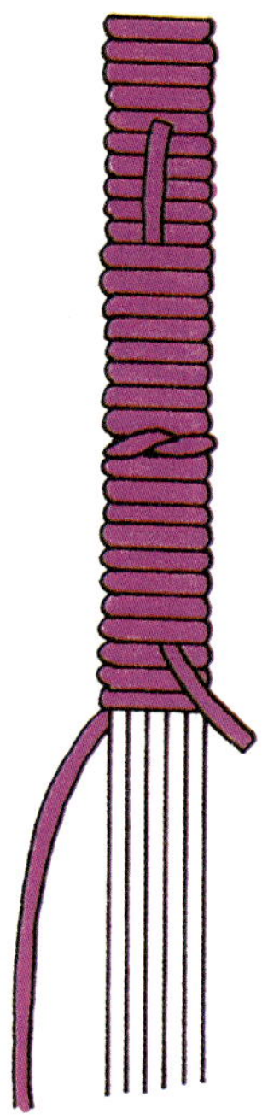

10

Ansetzen eines neuen Fadens

Sollte es sich während des Umwickelns herausstellen, daß ein Arbeitsfaden zu kurz ist, kann man ihn verlängern.
Sind vom Arbeitsfaden nur noch 10 cm übrig, legt man einen neuen Faden zu den Trägerfäden und läßt ihn ca. 2 cm aus dem bereits umwickelten Teil vorstehen (Abbildung 9).
Man wickelt den alten Arbeitsfaden noch 6 bis 8 mal um die Trägerfäden, legt ihn dann zu denen dazu und führt das Umwickeln mit dem neuen Arbeitsfaden fort.
Nach weiteren 6 bis 8 Mal Umwickeln wird der abgelegte Arbeitsfaden nicht mehr miterfaßt (Abbildung 10).
Ist der Zopf fertig, werden die beiden hervorstehenden Enden abgeschnitten.
Es empfiehlt sich, den neuen Faden möglichst an einer glatten Partie anzusetzen, wo kein Muster ist.

Der Anfang

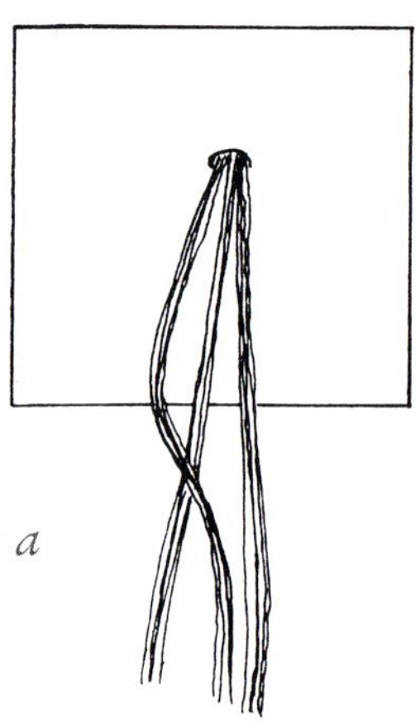

11 a

1/ Anfang direkt im Haar - Fester Zopf

Gebraucht wird: ein 15 x 15 cm großes Stück Papier.
Die Trägerfäden müssen zwei mal so lang sein, wie der fertige Zopf, damit man sie doppelt nehmen kann. Dafür braucht man aber nur halb so viele Fäden.
In die Mitte vom Papier ein Loch von etwa 1 cm Durchmesser schneiden. Eine Haarsträhne auswählen und durch das Loch im Papier ziehen. Man kann auch eine Häkelnadel zu Hilfe nehmen.

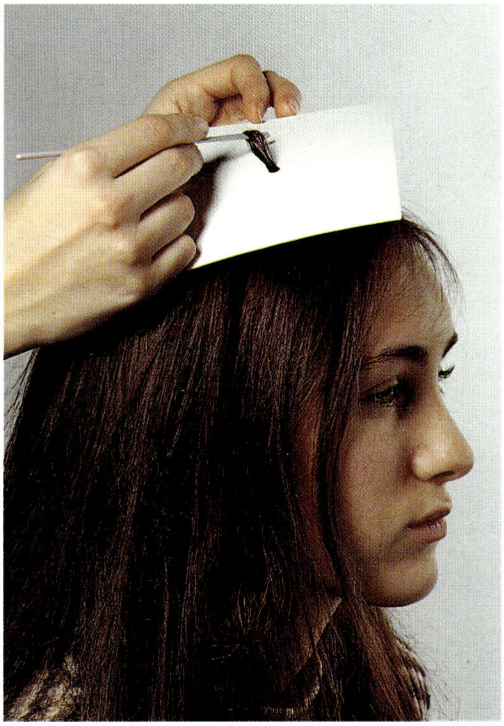

Haarsträhne in drei gleiche Stränge unterteilen und zu einem lockeren Zopf flechten (Abbildung 11).
Die Trägerfäden für das jeweilige Modell zuschneiden, Fäden doppelt nehmen und über dem Zopf zu einer Schlinge legen, die Fadenenden um den Zopf durch die Schlinge führen (Abbildung 12).
Das Ganze bis zur Haarwurzel nach oben schieben und fest anziehen (Abbildung 13).
Fäden in zwei Stränge unterteilen, um den Zopf einen Knoten machen und fest anziehen (Abbildung 14).
Das Umwickeln kann beginnen, entweder mit einem zusätzlich angefügten Arbeitsfaden oder einem der Trägerfäden, je nach Anleitung bei dem ausgewählten Modell.

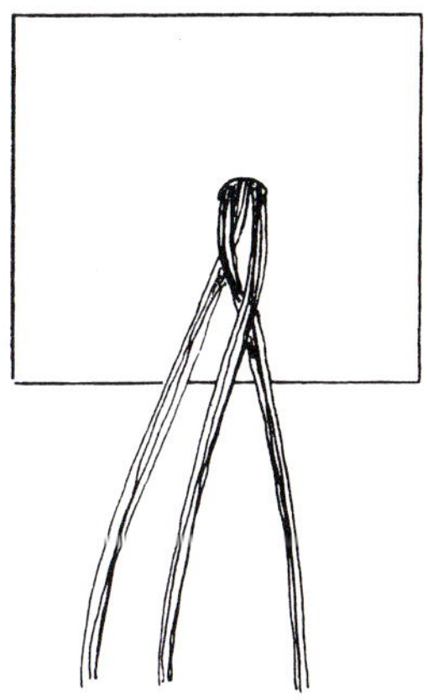

11 b

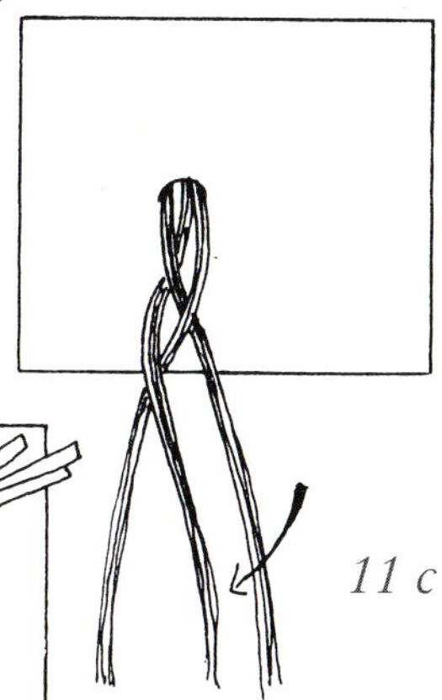

11 c

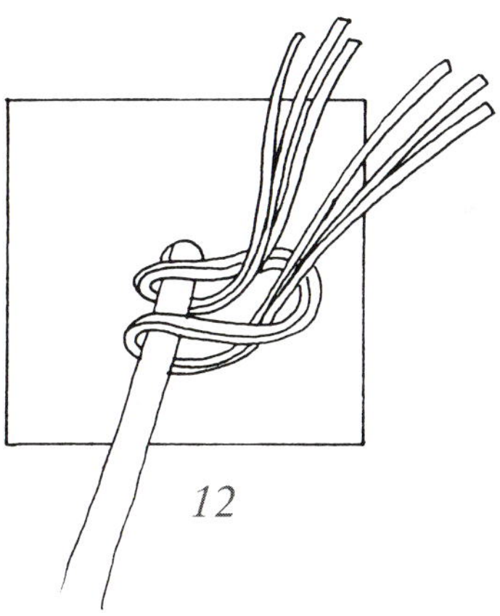

12

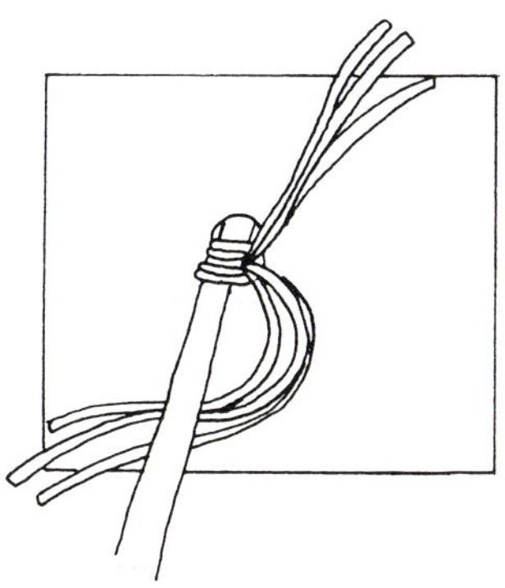

13

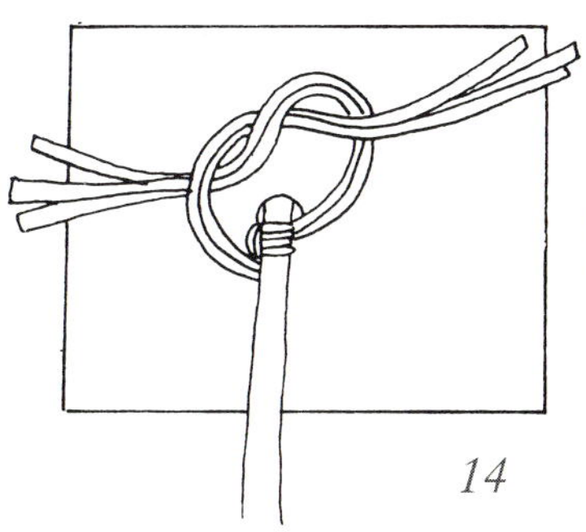

14

2/ Vorläufige Befestigung

Wer seinen Zopf nur manchmal tragen möchte, etwa nur einen Abend, der kann ihn ohne die eigenen Haare, sozusagen "im Leeren" flechten.
Gebraucht wird ein Haargummi von 1 cm Durchmesser und ein 50 cm langes Band.
Die Trägerfäden werden doppelt gelegt und müssen deshalb auch doppelt so lang sein, wie der endgültige Zopf (wenn z.B. 2 rote Fäden angegeben sind, nimmt man nur einen, den aber doppelt so lang.)
Die Trägerfäden so durch das Gummiband fädeln, daß sie zu beiden Seiten des Gummis gleich lang sind (Abbildung 15).
Den Gummi an ein Band hängen, das man um den Oberschenkel oder an einer Stuhllehne festbindet.
Und dann den Anweisungen zum Flechten folgen, die für das jeweilige Modell angegeben sind.

Das Anbringen im Haar:
Es reicht, wenn man den Zopf mit dem Gummiband ganz oben an der jeweiligen Haarsträhne befestigt.

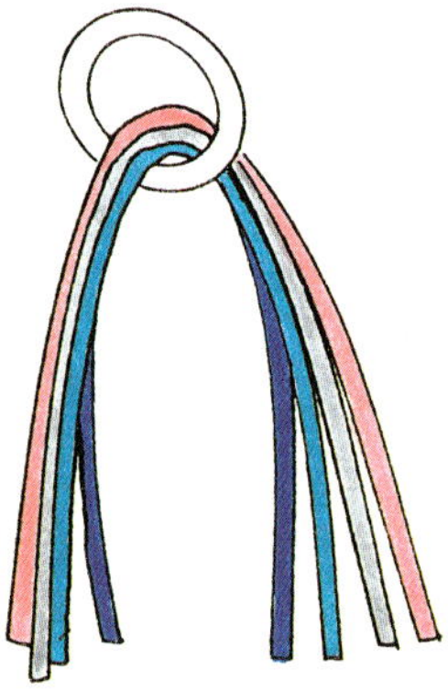

15

3/ Unabhängiger Anfang

Dieser Anfang eignet sich gut, wenn man zu seinem Zopf passende Hals- und Armbänder flechten will.

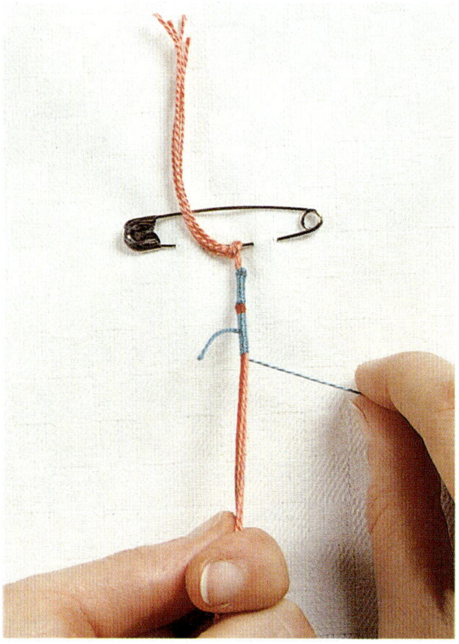

HALSBAND
Das wird gebraucht: ein Band oder ein Stück Schnur von 50 cm Länge oder eine Sicherheitsnadel.
Die Anzahl der Fäden stimmt mit den Angaben bei den einzelnen Erklärungen überein.
Länge der Fäden: für ein Halsband von 40 bis 45 cm Länge sollte man etwa 1 m vorsehen.
Mit den Trägerfäden einen Knoten um das Band oder die Sicherheitsnadel machen und etwa 5 cm überhängen lassen.
Das Band an einer Stuhllehne oder am Oberschenkel befestigen. Die Sicherheitsnadel kann man auch an Jeans oder in ein Kissen stecken.
Nun kann mit dem Flechten begonnen werden.
Für ein Halsband muß der Zopf stets mit einem zusätzlichen Arbeitsfaden beginnen.
Mit dem Arbeitsfaden eine zweifache Schlinge um die Trägerfäden knüpfen, ganz eng an der Aufhängung (Abbildung 16).

Nun kann man mit dem Umwickeln beginnen, wie es die Anweisungen bei den einzelnen Modellen vorsehen, indem man das kurze Ende des Arbeitsfadens fest auf die Trägerfäden drückt (Abbildung 17 und 18).
Für den Abschluß ein längeres Stück Faden aus den Trägerfäden vorsehen, und damit vier halbe Schlingen machen. Die Befestigung um das Band lösen und die vorstehenden Fäden 6 cm unterhalb vom Flechtende abschneiden.

16

17

Armband

Wird wie das Halsband geflochten, jedoch mit nur 30 bis 35 cm langen Trägerfäden, wenn die Fäden nicht gleichzeitig als Arbeitsfäden verwendet werden.

Abschluß

Will man ein Motiv beenden, sollte man den Zopf zum Abschluß noch viermal umwickeln.
Mit dem Arbeitsfaden vier halbe Schlingen um die Trägerfäden ausführen und gut festziehen (Abbildung 19).
Alle Fäden 3 cm unterhalb vom umwickelten Ende abschneiden.

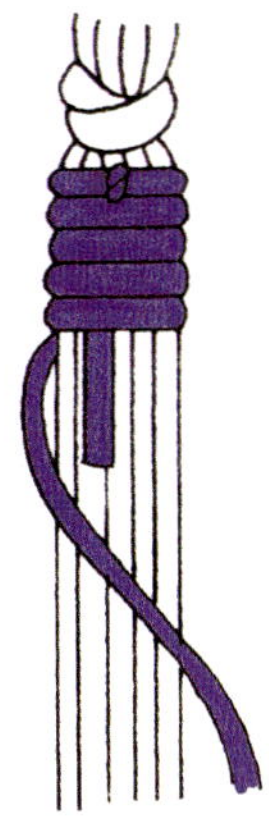

18

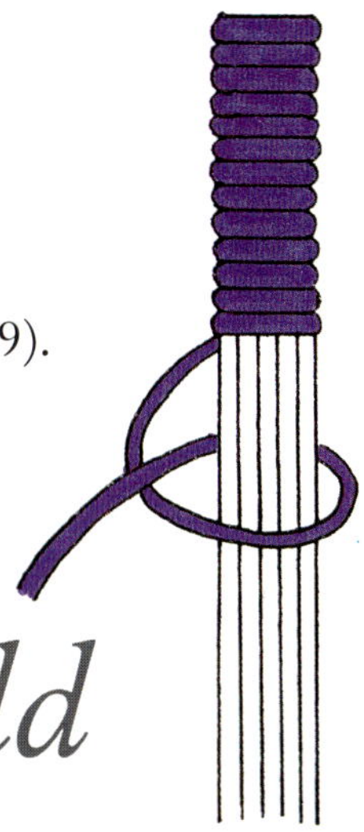

19

Arbeitsschritte im Bild

Alle Arbeitsschritte in diesem Buch sind durch detaillierte Zeichnungen festgehalten. Damit lassen sich die Zöpfe, auch ohne die Beschreibung gelesen zu haben, nacharbeiten.
Die Zeichnung zeigt, in vereinfachter Form, den Zopf, der gerade geflochten wird.
Jede Querlinie steht für jeweils eine Umwicklung, die gerade vom Arbeitsfaden ausgeführt wird. Jede Längslinie steht für einen Faden, der bei den Trägerfäden für das Umwickeln in Wartestellung liegt.
Die Zusammenstellung der Trägerfäden ist jeweils oben angegeben, der Beginn für jedes Modell extra im Bild festgehalten.

Zur besseren Orientierung hier einige Anfänge und ihre Aufschlüsselung.

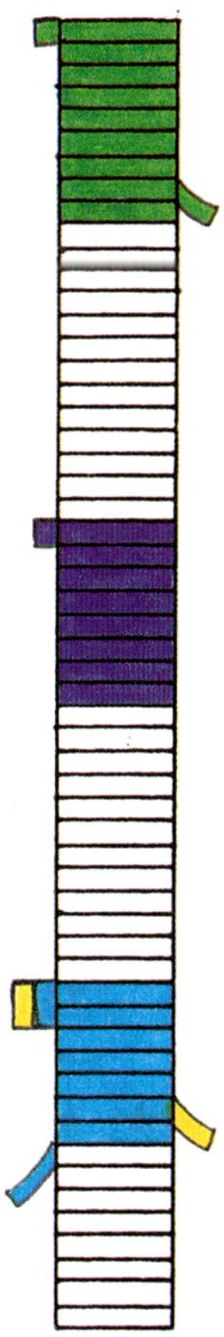

Grün : der Arbeitsfaden ist verknotet. Der Fadenrest rechts ist das 3 cm überstehende Fadenende (wie bei Abb. 17).

Darunter : Hier wurden 2 Arbeitsfäden (gelb und blau) verwendet, aber nur einer zum Umwickeln benutzt.

Regenbogen

Halsband und Zopf

Perlgarn DMC Nr. 3 (Halsband)
Perlgarn DMC Nr. 5 (Zopf)

Gelb:	*444*	*1 Faden*
Orange:	*971*	*1 Faden*
Rot:	*666*	*1 Faden*
Violett:	*208*	*1 Faden*
Blau:	*798*	*1 Faden*
Marineblau:	*823*	*1 Faden*
Grün:	*703*	*1 Faden*

Fadenlänge: Faden in doppelter Länge von dem gewünschten fertigen Band zuschneiden.

Das erste Modell ist einfach auszuführen und macht mit dem Wechseln der Farbfäden vertraut. Begonnen wird, wie auf Seite 10 unter *Unabhängiger Anfang* erklärt, mit den gelben, orangefarbenen, roten, violetten, blauen und grünen Fäden als Trägerfäden, und mit Marineblau als Arbeitsfaden.

1

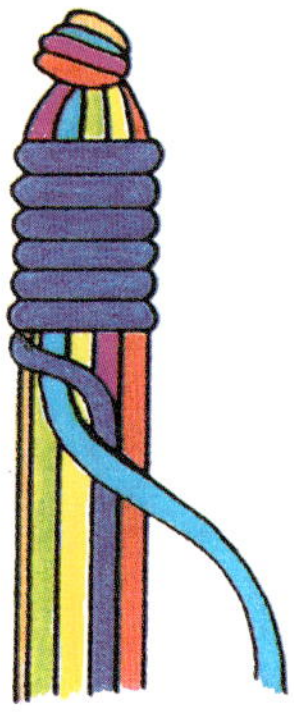

2

HALSBAND
Mit Marineblau beginnen und 6 Runden wickeln (Abbildung 1).
Den marineblauen Faden zu den Trägerfäden legen, und den blauen Faden links vom marineblauen Faden bereitlegen (Abbildung 2).
Als nächstes mit dem blauen Faden wickeln, und dabei eng an die vorhergehenden Wickelrunden anschließen, damit der marineblaue Faden gut mitumwickelt wird (Abbildung 3).
6 Runden wickeln, und dann zum grünen Faden übergehen (Abbildung 4).
Fortfahren und mit jeder Farbe 6 Runden wickeln, und dabei die Reihenfolge, wie sie aus der Zeichnung ersichtlich wird, einhalten.

Wenn die gewünschte Länge erzielt ist, mit dem Arbeitsfaden vier halbe Knoten machen, und alle Fäden 4 cm unterhalb der letzten Wickelrunde abschneiden.

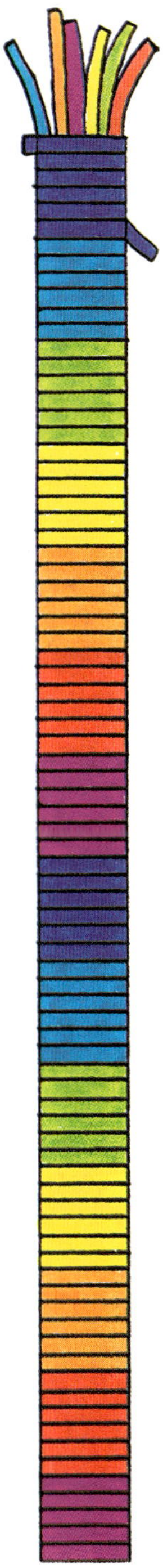

3

4

ZOPF

Für dieses Modell als Zopf verwendet man Perlgarn Nr. 5. Auch hier die doppelte Fadenlänge vorsehen, damit man die Fäden für den Beginn halbieren kann. Die so entstandene Schlinge dient dann zugleich als Befestigung.
Man erhält 12 Trägerfäden und zusätzlich einen Arbeitsfaden. Es empfiehlt sich auch, mehr Wickelrunden pro Farbe vorzunehmen (etwa 8 bis 10), da Perlgarn Nr. 5 feiner ist als Nr. 3.

Sibirien

Zopf

Perlgarn DMC Nr. 5
Grau-Grün: 927 6 Trägerfäden, oder 3 Fäden doppelt
Weiß: 6 Trägerfäden, oder 3 Fäden doppelt
Blau: 930 1 Arbeitsfaden

Fadenlänge: Jeden Faden doppelt so lang wie die Haarlänge zuschneiden (vier mal so lang, wie die in der Hälfte zusammengelegten Fäden)

Nachdem man die Trägerfäden direkt im Haar, oder an einem Gummi, befestigt hat, mit dem blauen Faden direkt am Flechtansatz einen doppelten Knoten machen (Abbildung 1).
Mit dem Umwickeln beginnen, und dabei das blaue Fadenende mit zu den Trägerfäden legen (Abbildung 2).
Zwei Runden wickeln.

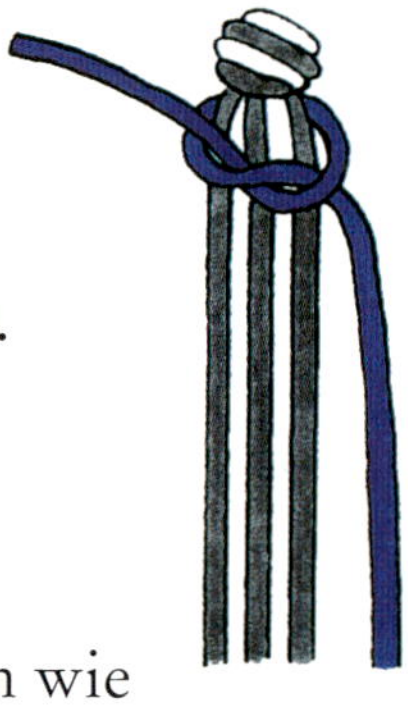
1

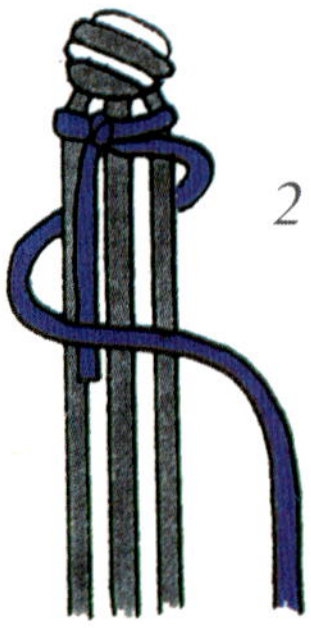
2

Vorsicht bei den Streifen, die nur aus wenigen Runden (zwei, drei oder vier) bestehen.
Die nächste Farbrunde stets auf gleicher Höhe beginnen wie die vorhergehende, damit die Anzahl der Runden für die gesamte Länge des Zopfes gleich bleibt.
Einen weißen Faden links von dem blauen Faden aufnehmen, den blauen Faden zu den Trägerfäden legen und dann mit dem weißen Faden weiterwickeln (Abbildung 3).
Vierzehn Runden wickeln und dann den Faden zu den Arbeitsfäden legen.

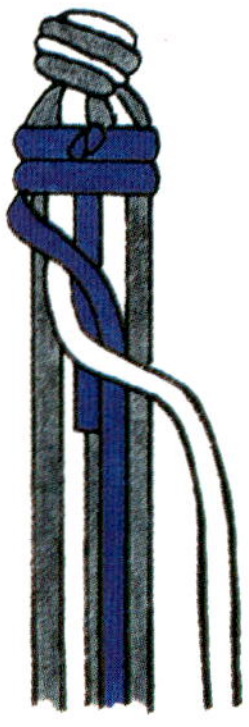
3

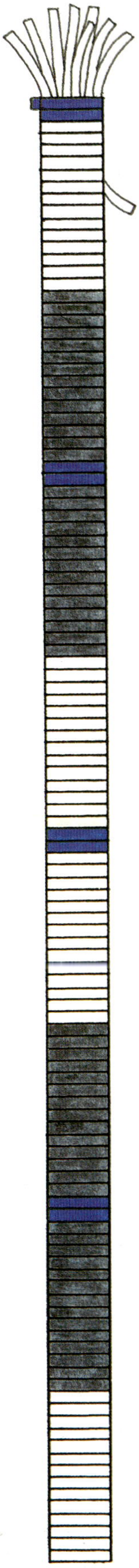

Einen grauen Faden links vom weißen Faden aufnehmen und damit weitere vierzehn Runden mit dem blauen Faden wickeln, dann wieder einen grauen Faden aufnehmen und erneut vierzehn Runden wickeln.
Einen weißen Faden aufnehmen und vierzehn Runden wickeln.
Zwei Runden mit dem blauen Faden wickeln.
Und immer so weiter: vierzehn Runden mit dem weißen Faden, dann vierzehn mit dem grauen Faden, dann zwei mit dem blauen Faden.
Arbeitsabfolge von der Zeichnung ablesen.

Granada

Armband

Perlgarn DMC Nr. 3

Blau:	*930*	*1 Arbeitsfaden*
Grün:	*581*	*1 Arbeitsfaden*
Rosa :	*603*	*2 Trägerfäden*
Hellrosa:	*353*	*2 Trägerfäden*
Orange:	*971*	*2 Trägerfäden*

Fadenlänge: für die Trägerfäden den Umfang des Handgelenkes plus 20 cm bemessen.
Für die Arbeitsfäden 50 cm.

Die sechs Trägerfäden an einem Band oder einer Sicherheitsnadel befestigen, die man wiederum an Knie, Stuhllehne oder ähnlichem befestigt. Die beiden Arbeitsfäden um die Trägerfäden verknoten (Abbildung). Mit dem grünen Faden zu umwickeln beginnen, und sich beim Weiterarbeiten nach der Arbeitsvorlage richten. Für den Fadenwechsel sich an die Erklärungen von Modell *Sibirien* (Seite 14) halten.

Zopf oder Armband

Perlgarn DMC Nr. 5

Blau:	*930*	*2 Fäden oder 1 doppelt genommen*
Grün:	*581*	*2 Fäden oder 1 doppelt genommen*
Rosa:	*603*	*2 Fäden oder 1 doppelt genommen*
Hellrosa:	*353*	*2 Fäden oder 1 doppelt genommen*
Orange:	*971*	*2 Fäden oder 1 doppelt genommen*

Fadenlänge: für Blau und Grün jeweils die doppelte Länge des gewünschten fertigen Teils (für einen Zopf die vierfache Länge) zuschneiden. Bei den drei anderen Farben 20 cm zu der gewünschten Länge hinzurechnen, bzw. zweimal die Länge plus 40 cm.

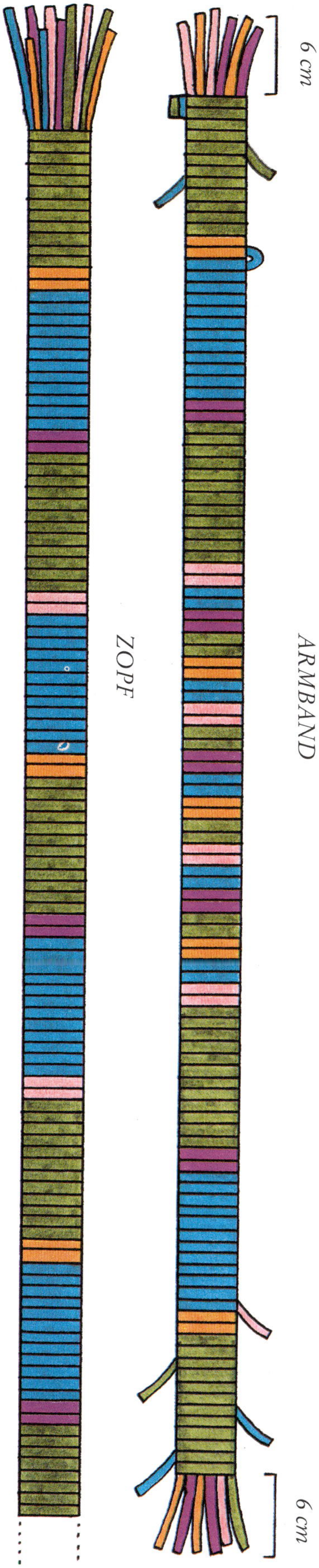

Die Arbeit je nachdem, was entstehen soll, befestigen.
Bei einem Zopf das Umwickeln mit einem Faden aus den Trägerfäden beginnen. Für ein Halsband mit einem Arbeitsfaden nach Wahl beginnen, der um die Trägerfäden befestigt wurde.
Für dieses Modell kann man die Arbeitsfolge lediglich aus der Zeichnung ablesen. Für die einzelnen Arbeitsschritte sollte man Seite 14 zu Rate ziehen.

Louisiana

Armband

Perlgarn DMC Nr. 5
Hellgrün: 3348 4 Trägerfäden
Grün: 320 4 Trägerfäden
Rosa: 316 1 Arbeitsfaden

Fadenlänge: Um einen kleinen Spielraum zu haben, sollte man 50 cm für die Trägerfäden und 1 m für den Arbeitsfaden vorsehen.

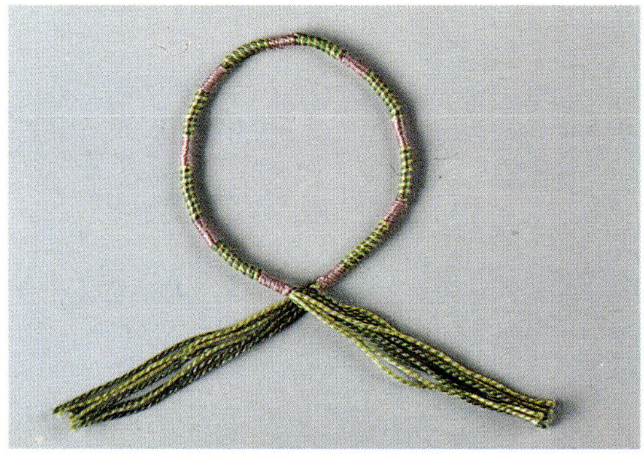

Mit den acht Trägerfäden einen Knoten um ein Band oder eine Sicherheitsnadel machen, und 6 cm vom Faden überstehen lassen.
Das ganze auf einem stabilen Untergrund befestigen.
Mit dem rosa Faden direkt oben einen Knoten um die Trägerfäden machen (Abbildung 1 und 2).

1

Mit dem rosa Faden acht Runden wickeln, den Faden zu den Trägerfäden legen, einen grünen und einen hellgrünen Faden aufnehmen, mit beiden zusammen weitere acht Runden wickeln. Dann wieder acht Runden mit dem rosa Faden, und dann erneut 8 Runden mit den beiden grünen Fäden wickeln.
Für die Weiterarbeit sich an die Farbabfolge auf der Zeichnung halten, und die Arbeitsschritte bei dem Farbwechsel des vorhergehenden Modells konsultieren.
Auf diese Art und Weise 16 cm umwickeln. Die letzten 8 Runden vom Rosa mit zwei Halbknoten abschließen, und einen hellgrünen Faden aufnehmen.
Vier Halbknoten mit dem grünen Faden machen, den rosa Faden nach der letzten Wickelrunde ganz kurz abschneiden und die anderen Fäden 6 cm weiter unten abschneiden.
Für den Fadenwechsel sich an die Erklärungen von Modell *New Orleans* halten.

2

New-Orleans

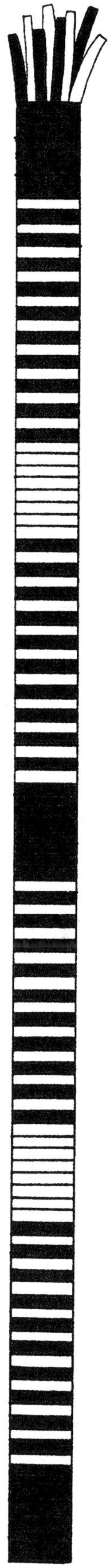

Zopf

Perlgarn DMC Nr. 3

Schwarz:	*310*	*4 Fäden, oder 2 doppelt genommen*
Weiß:		*4 Fäden, oder 2 doppelt genommen*

Befestigung, je nachdem, was entstehen soll, auswählen. Mit einem schwarzen Faden beginnen und 8 Runden wickeln.
Je einen weißen und einen schwarzen Faden links vom Arbeitsfaden aufnehmen (Abbildung 1).
Diese beiden Fäden dienen als neue Arbeitsfäden. Sie werden gemeinsam um die Trägerfäden gewickelt (Abbildung 2).
Zehn Runden wickeln und dann die beiden Fäden wieder zu den Trägerfäden legen. Als nächstes den weißen Faden aufnehmen, der links von den beiden liegt. Er wird der neue Arbeitsfaden (Abbildung 3).
Acht Runden mit dem weißen Faden wickeln, den Faden niederlegen und erneut einen schwarzen und einen weißen Arbeitsfaden aufnehmen und mit beiden wieder zehn Runden wickeln. Für die Weiterarbeit sich an die Arbeitsabfolge auf der Zeichnung halten.

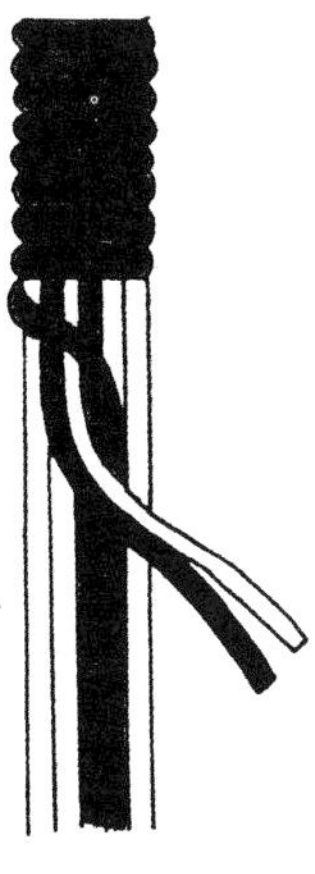

1

2

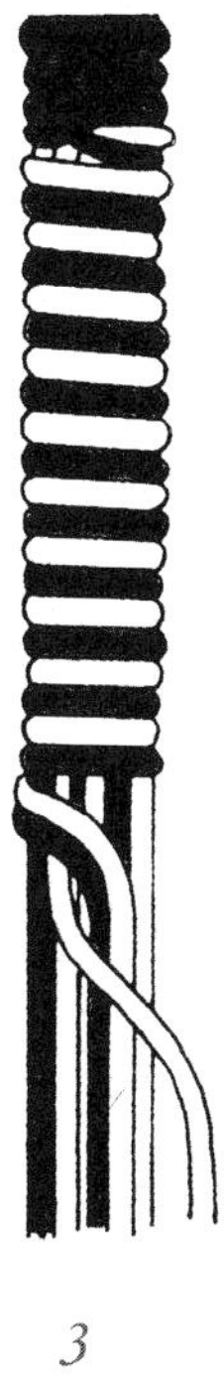

3

Bombay

Armband

Perlgarn DMC Nr. 5

Rot:	*347*	*4 Trägerfäden, je 30 cm lang* *1 Arbeitsfaden, 50 cm lang*
Grün:	*904*	*1 Faden, 50 cm lang*
Ocker:	*834*	*1 Faden, 50 cm lang*

Mit den vier roten Trägerfäden einen Knoten um eine Sicherheitsnadel machen und die Fäden 6 cm weit überstehen lassen.
Das Ganze auf einem stabilen Untergrund befestigen.
Mit dem grünen Faden einen Knoten um die Trägerfäden, knapp unter der Sicherheitsnadel, machen und gut festziehen. Der Knoten sollte genau in der Mitte sein, sodaß beide Fadenenden die gleiche Länge haben (Abb. 1).
Mit beiden grünen Fäden zusammen sechs Runden wickeln (= 12 Querstriche auf der Arbeitsvorlage) und dann zu den Trägerfäden legen.
Einen roten Faden aufnehmen und drei Runden wickeln.
Den ockerfarbenen Faden in der Mitte zusammenlegen und ihn rittlings über den roten Faden legen (Abb. 2).
Den roten Faden zu den Trägerfäden legen und mit beiden Ockerfäden zusammen sechs Runden wickeln.
Die beiden grünen Fäden beiseitelegen, sodaß sie beim weiteren Umwickeln nicht mehr erfaßt werden (Abb. 3).
Den roten Faden doppelt legen und genauso wie zuvor mit den Ockerfäden, nun mit den beiden roten Fäden.
Trägerfäden inclusive Ockerfäden 3 cm breit umwickeln (Abb. 4).
Die roten Fäden zu einer Schlaufe legen, in Wartestellung (Abb. 5).
Die grünen Fäden über Kreuz über die rot umwickelten Partie legen. Kreuze genau aneinander ausrichten (Abb. 6).
Fäden noch einmal kreuzen, bevor man sie zu den Trägerfäden legt, die rote Schlaufe lösen und zwei Runden machen, um die grünen Fäden zu befestigen (Abb. 7).

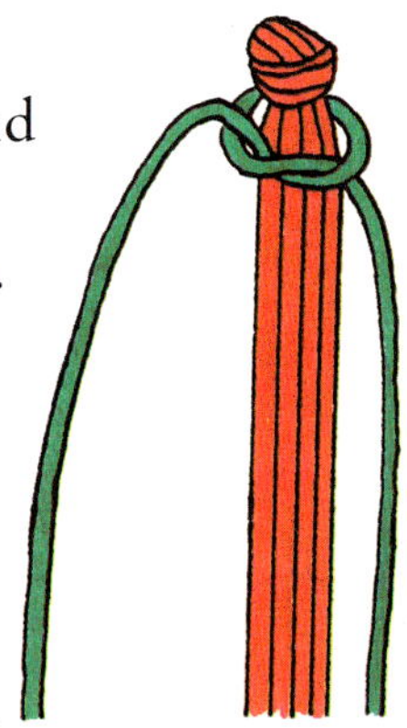

1

2

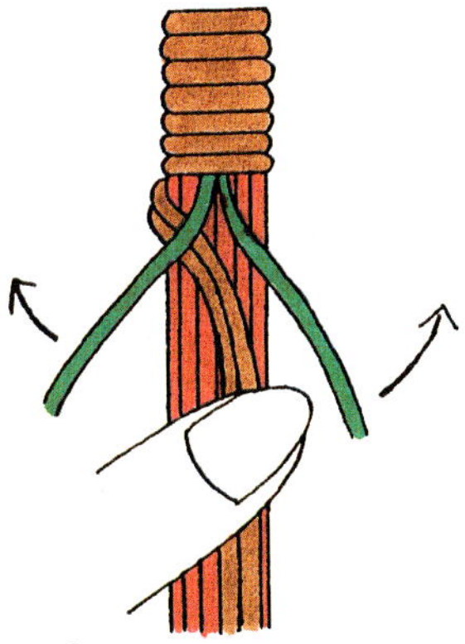

3

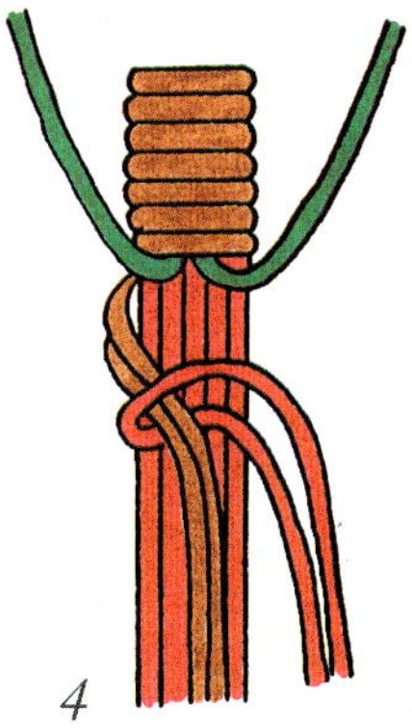

4

5

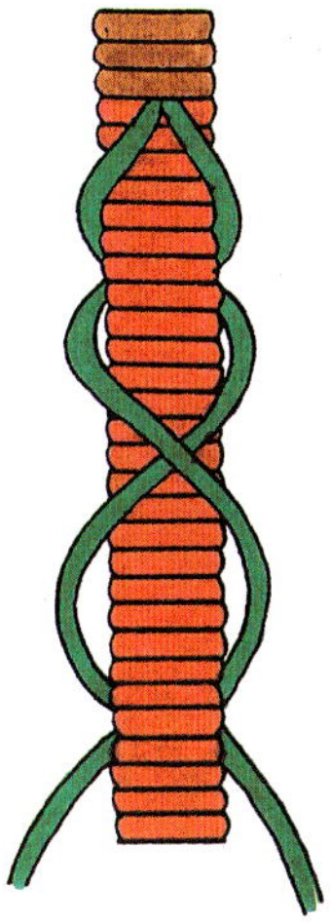

6

Mit einem grünen und einem ockerfarbenen Faden zusammen sechs Runden wickeln.
Die Fäden ablegen und zwei rote Arbeitsfäden aufnehmen, eine Runde wickeln, ohne die beiden Ockerfäden zu erfassen (Abb. 8).
Mit den zwei roten Fäden 3 cm wickeln, und sie dann zu einer Schlaufe in Wartestellung legen.
Mit den Ockerfäden Überkreuzungen wickeln wie zuvor mit den grünen Fäden.
Die rote Schlaufe lösen, mit den Fäden zwei Runden wickeln und sie zu den Trägerfäden legen.
Mit den beiden grünen Arbeitsfäden drei Runden wickeln, einen roten Arbeitsfaden aussparen, zwei Runden weiterwickeln, den zweiten roten Faden aussparen, und noch einmal eine Runde wickeln. Dann die grünen Fäden zu den Trägerfäden legen.
Einen roten Faden aufnehmen, drei Runden damit wickeln, ihn ablegen und die ockerfarbenen Arbeitsfäden aufnehmen.
Hier wiederum, nach der dritten Runde, die grünen Fäden aussparen, und nach der sechsten Runde die Ockerfäden ablegen.
Mit einem roten Faden drei Halbknoten machen und fest anziehen.
Die ausgesparten Fäden kurz abschneiden, ebenso die beiden ockerfarbenen Fäden. Es werden lediglich die vier roten Fäden in ihrer Länge beibehalten (Abb. 9).

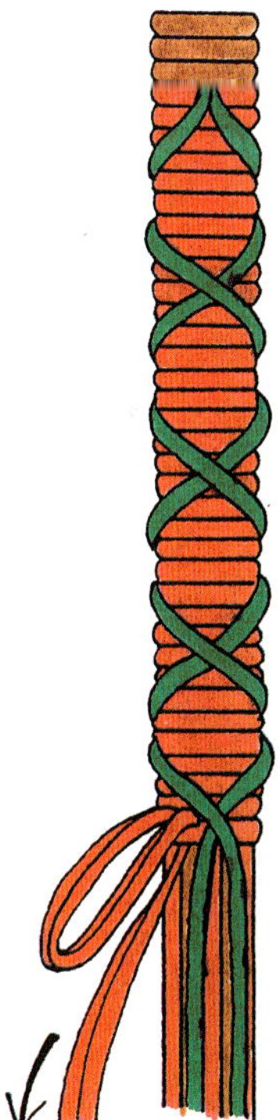

7

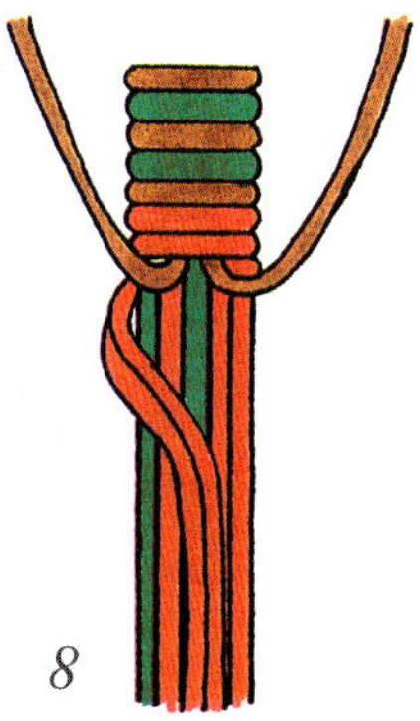

8

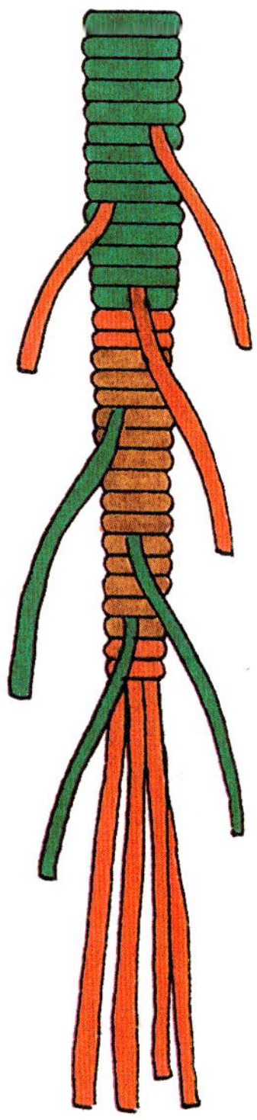

9

Schweden

Zopf

Perlgarn DMC Nr. 5
Blau: 824 4 Trägerfäden,
oder 2 doppelt gelegte
1 Arbeitsfaden
Weiß: 4 Trägerfäden,
oder 2 doppelt gelegte
1 Arbeitsfaden

Fadenlänge: Für die Trägerfäden zweimal die gewünschte Endlänge vorsehen (viermal, wenn die Fäden doppelt liegen); die Arbeitsfäden 1 m lang zuschneiden.

MOTIV A

Zu Beginn acht Runden mit dem weißen Faden wickeln. Einen blauen Faden aufnehmen, zwei Runden wickeln, dann wieder mit Weiß zwei Runden wickeln, dann erneut zwei Runden mit Blau. Mit Weiß acht Runden wickeln.

MOTIV B

Von den Trägerfäden zwei nebeneinanderliegende weiße beiseitelegen. Sie werden für die Überkreuzungen benötigt (Abbildung 1).
Mit einem blauen Faden zwanzig Runden wickeln, und ihn dann zu einer Schlaufe legen und ruhen lassen (Abbildung 2).
Die beiden weißen Fäden über dem blau umwickelten Teil überkreuzen, und die Kreuze aneinander ausrichten (Abbildung 3).
Nach dem letzten Überkreuzen die weißen Fäden zu den Trägerfäden legen, und zwei blaue Fäden zwischen den beiden weißen aufnehmen (Abbildung 4).
Schlaufe vom blauen Arbeitsfaden lösen, den Faden zu den Trägerfäden legen, einen neuen weißen Arbeitsfaden auswählen und damit zwanzig Runden wickeln (Abbildung 5).

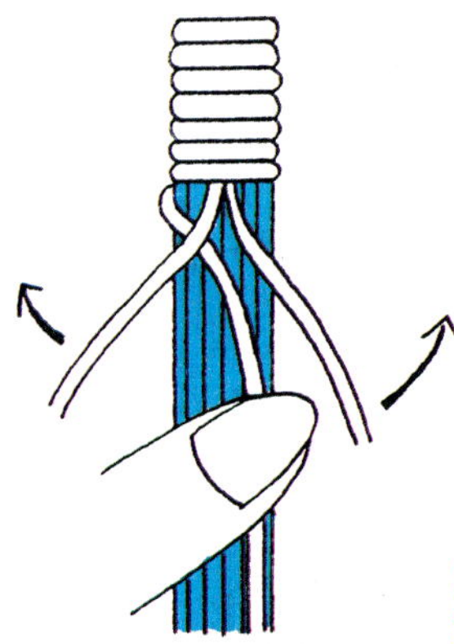

1

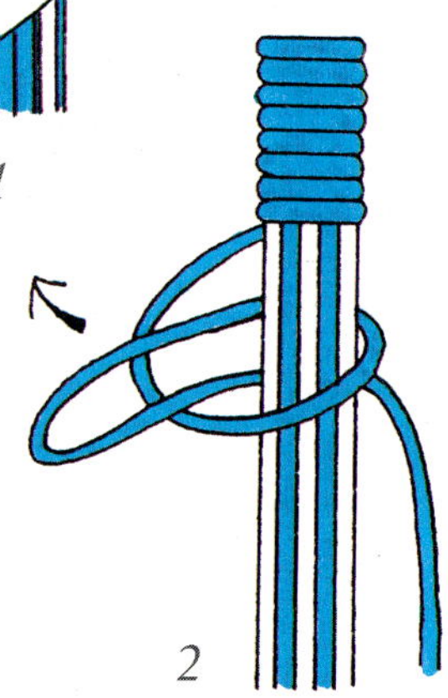

2

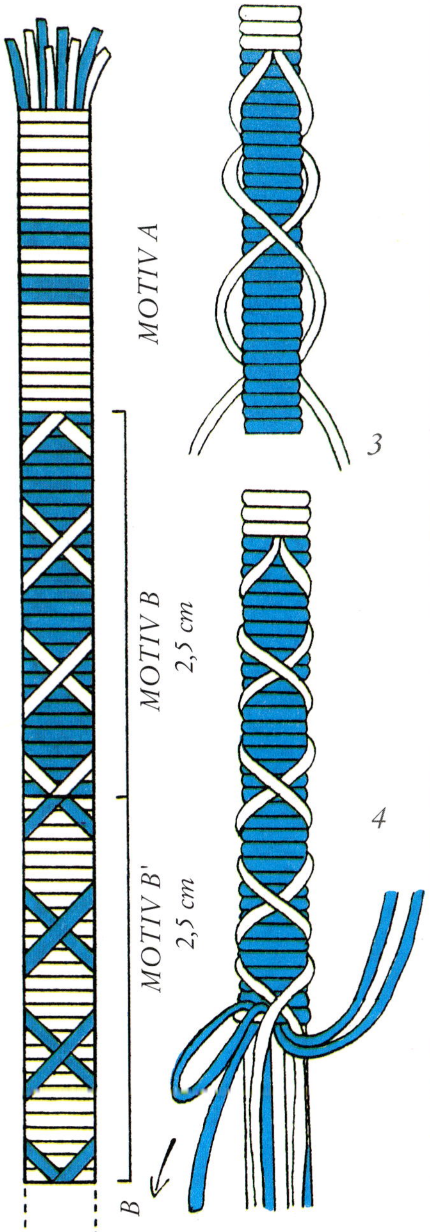

3

4

Den Faden in Wartestellung legen, mit den blauen Fäden die Überkreuzungen vornehmen und sie beiseite legen. Zwei weiße Fäden aufnehmen. Schlaufe vom weißen Arbeitsfaden lösen, Faden beiseite legen und einen neuen blauen Arbeitsfaden aufnehmen (Abbildung 6).
Zwanzig Runden wickeln, Faden in Wartestellung legen und mit den weißen Fäden die Überkreuzungen vornehmen; Fäden zurücklegen und zwei blaue Fäden aufnehmen. Blauen Arbeitsfaden ablegen, einen weißen Arbeitsfaden aufnehmen, zwanzig Runden wickeln und Faden in Wartestellung legen. Mit den blauen Fäden die Überkreuzungen vornehmen, Fäden zurücklegen, die Warteschlaufe des Arbeitsfadens lösen und ihn zu den Trägerfäden legen.

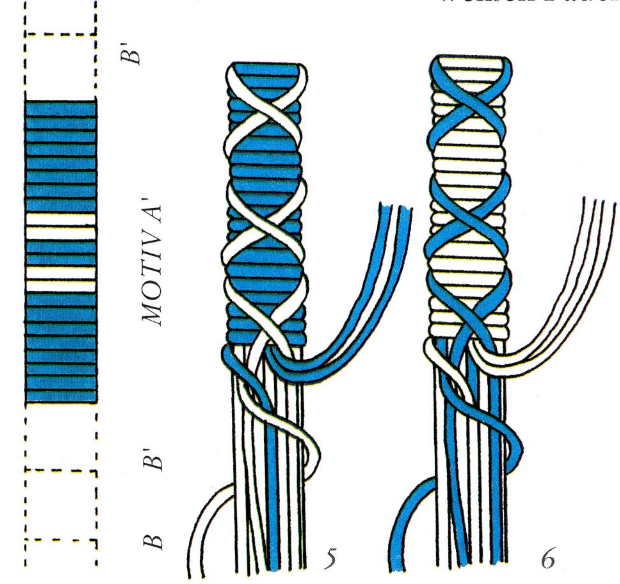

5

6

MOTIV A' (NEGATIV VON A)
Mit einem blauen Faden acht Runden wickeln. Mit Weiß zwei Runden, zwei Runden mit Blau und erneut zwei Runden mit Weiß wickeln. Nun noch einmal acht Runden mit Blau wickeln.

MOTIV B' (NEGATIV VON B)
Diesmal die Überkreuzungen mit einem weißen Arbeitsfaden beginnen und darauf achten, daß zwei blaue Fäden ausgespart wurden.

Jamaika

Zopf

Perlgarn DMC Nr. 3

Schwarz:	*310*	*2 Arbeitsfäden*
Rot:	*666*	*2 Trägerfäden, oder 1 doppelt genommen* *1 Arbeitsfaden*
Grün:	*702*	*2 Trägerfäden, oder 1 doppelt genommen* *1 Arbeitsfaden*
Gelb:	*973*	*2 Trägerfäden, oder 1 doppelt genommen* *1 Arbeitsfaden*

Fadenlänge:
Trägerfäden in der gewünschten Länge des fertigen Teils zuschneiden, für die drei farbigen Arbeitsfäden die doppelte Länge, für die schwarzen Arbeitsfäden die vierfache Länge.

Mit drei, bzw. sechs Trägerfäden beginnen, je nachdem, ob ein Zopf oder ein Armband entstehen soll.
Die beiden schwarzen Fäden unterhalb von der Befestigung um die Trägerfäden knoten (Abbildung 1).

1

Das lange Ende zu umwickeln beginnen und dabei die kurzen Enden mit einbeziehen und durch sechs Runden befestigen.
Die schwarzen Fäden zurücklegen, einen grünen Faden aufnehmen und vier Runden wickeln.
Dann vier Runden mit Gelb und vier Runden mit Rot wickeln.
Die schwarzen Arbeitsfäden wieder aufnehmen und damit auf einer Breite nach eigener Wahl wickeln (hier 10 cm).
Arbeitsfäden zu einer Schlaufe und in Wartestellung legen.
Die drei farbigen Arbeitsfäden aufnehmen und rittlings um die schwarz umwickelte Partie, etwa 1,5 cm vom Wickelanfang, legen (Abbildung 2).

2

3

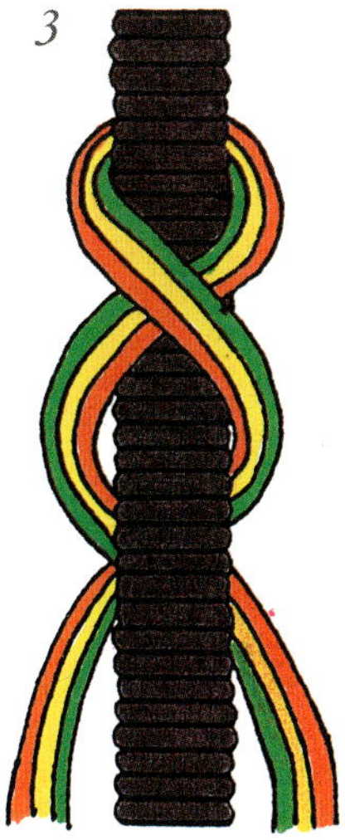

4

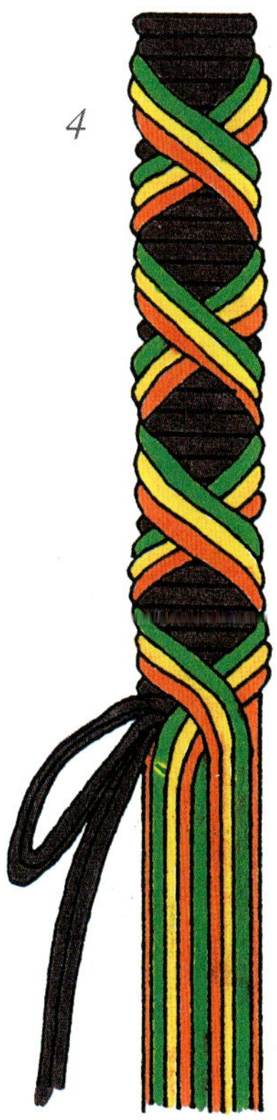

Mit den sechs Fäden gemeinsam wickeln, und jeweils auf der Vorderseite des Zopfes kreuzen, bis das Ende des schwarzumwickelten Teils erreicht ist (Abbildung 3).

Nach einem letzten Überkreuzen die sechs Fäden zu den Trägerfäden legen.
Die Schlaufe mit den schwarzen Fäden öffnen, und mit diesen beiden Fäden sechs Runden wickeln (Abbildung 4).

Grün-gelb-rote Streifen machen, indem man mit jedem der Fäden vier Runden wickelt, dann mit den schwarzen Arbeitsfäden sechs Runden wickeln.
Die Arbeit beenden, indem man mit den schwarzen Fäden drei halbe Knoten macht oder das Motiv mit den Überkreuzungen wiederholen.

Kuba

Armband

Perlgarn DMC Nr. 5		
Rosa:	*605*	*1 Arbeitsfaden, 1 m lang*
		2 Arbeitsfäden, 40 cm lang
Grün:	*954*	*2 Arbeitsfäden, 40 cm lang*
Schwarz:	*310*	*4 Trägerfäden, 30 cm lang*
		1 Arbeitsfaden, 40 cm lang

Die vier Trägerfäden an einem Band oder einer Sicherheitsnadel befestigen, die man wiederum auf einem festen Untergrund (Knie, Stuhllehne o.ä.) anbringt.
Die drei ersten Arbeitsfäden (grün, rosa, schwarz) gemeinsam so um die Trägerfäden binden, wie man es mit zwei Arbeitsfäden machen würde (Abbildung 1).
Mit den drei Arbeitsfäden zusammen drei Runden wickeln, dann Rosa und Grün zu den Trägerfäden legen, und mit Schwarz noch sieben Runden weiterwickeln (Abbildung 2).
Den schwarzen Faden zurücklegen, Grün und Rosa wieder aufnehmen und mit beiden zusammen drei Runden wickeln.
Sie wieder ablegen und noch einmal sechs Runden mit dem schwarzen Arbeitsfaden wickeln.
Den längsten von den rosa Fäden (1 m) halbieren und rittlings über den schwarzen Arbeitsfaden legen (Abbildung 3).
Mit beiden rosa Fäden zusammen 10 cm umwickeln und dann, zur Befestigung, zwei halbe Knoten machen.
Die drei restlichen Arbeitsfäden (rosa, schwarz und grün) aufnehmen, halbieren und rittlings auf die rosa umwickelten Trägerfäden setzen (Abbildung 4).
Mit allen sechs Fäden Überkreuzungen vornehmen bis zum Ende der rosa umwickelten Partie (siehe Jamaika, Seite 24).
Nach einem letzten Überkreuzen Fäden ablegen.
Den schwarzen Arbeitsfaden aufnehmen und sechs Runden über alle Fäden zusammen wickeln.
Die zwei rosa Fäden aussparen und einen rosa und einen grünen Arbeitsfaden aufnehmen, vier Runden damit wickeln,

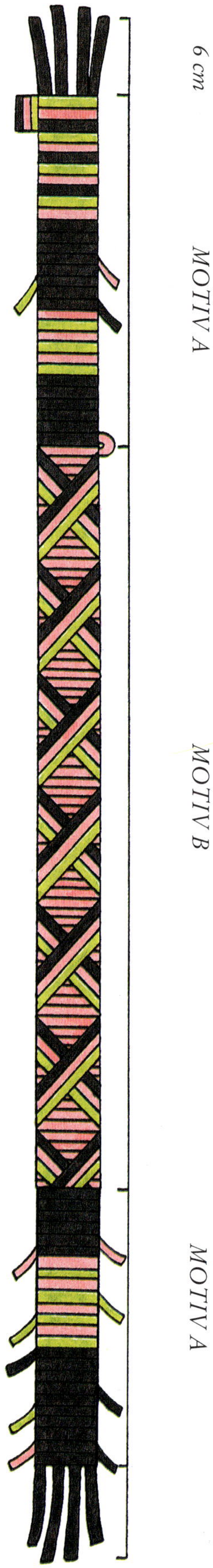

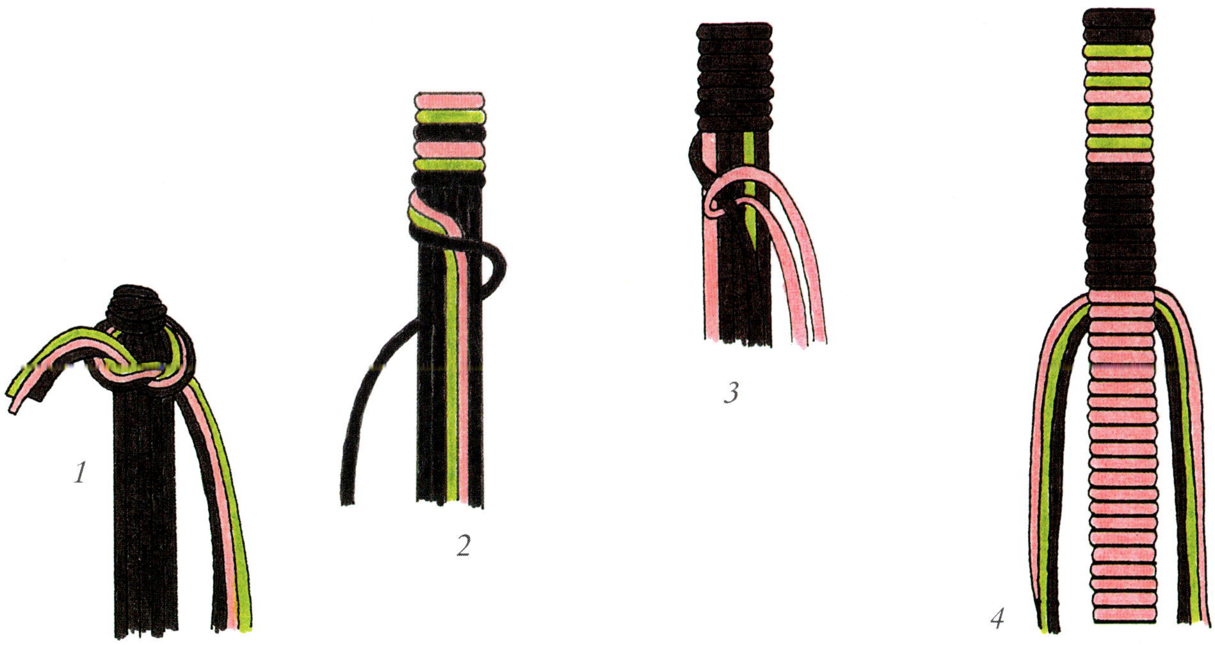

sie wieder ablegen und den längsten schwarzen Arbeitsfaden auswählen; damit zehn Runden wickeln und jeweils alle zwei Runden einen der noch übrigen Arbeitsfäden aussparen.
Mit dem schwarzen Arbeitsfaden drei halbe Knoten machen und fest anziehen.
Alle ausgesparten und restlichen Fäden, bis auf die vier schwarzen Fäden, ganz kurz abschneiden.

Ouagadougou

Zopf

Aus mattem Zwirn (Art. 89 von DMC)
Braun: 2371 2 Arbeitsfäden
Naturfarbene Schnur (gleiche Stärke wie der Zwirn): 8 Trägerfäden, oder 4 Fäden doppelt 1 Arbeitsfaden

Fadenlänge:
Trägerfäden in der Länge des gewünschten fertigen Flechtwerkes zuschneiden, für die braunen Arbeitsfäden zweimal, für die Schnur viermal die Länge vorsehen.

Einen der braunen Fäden 3 cm vom Anfang weg verknoten, mit dem Umwickeln des längeren Endes beginnen, und gleichzeitig das kurze Ende auf den Trägerfäden mit umwickeln.
Zwölf Runden wickeln, den Arbeitsfaden ablegen und einen aus Schnur aufnehmen, für weitere zwölf Runden.
Den Arbeitsfaden aus Schnur doppeln und rittlings über den braunen Faden legen, den braunen Faden ablegen und mit den beiden Schnurfäden ca. 10 cm weiterwickeln (Abbildung 1).
Die Arbeitsfäden in Wartestellung legen.
Den braunen Arbeitsfaden, der noch nicht benutzt wurde, doppeln und rittlings unter das bereits mit Schnur umwickelte Teil legen (Abbildung 2).
Mit den beiden braunen Fäden Überkreuzungen auf dem mit Schnur umwickelten Teil vornehmen. Ein letztes Mal kreuzen, bevor man die Fäden zu den Trägerfäden legt, die Schlaufe der Fäden, die in Wartestellung sind, lösen, zu den Trägerfäden legen, den braunen Arbeitsfaden aufnehmen und weiterwickeln.
Wie zu Anfang zwölf Runden mit Braun wickeln, zwei Runden mit Schnur, und wieder zwölf Runden mit Braun.
Erneut mit einer Reihe von Überkreuzungen beginnen, gleich der vorhergehenden, aber indem man die Arbeitsfäden benutzt, die gegenwärtig noch bei den Trägerfäden liegen.

1

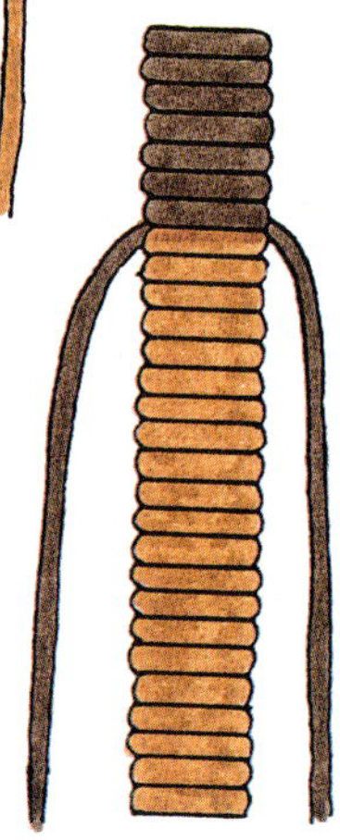

2

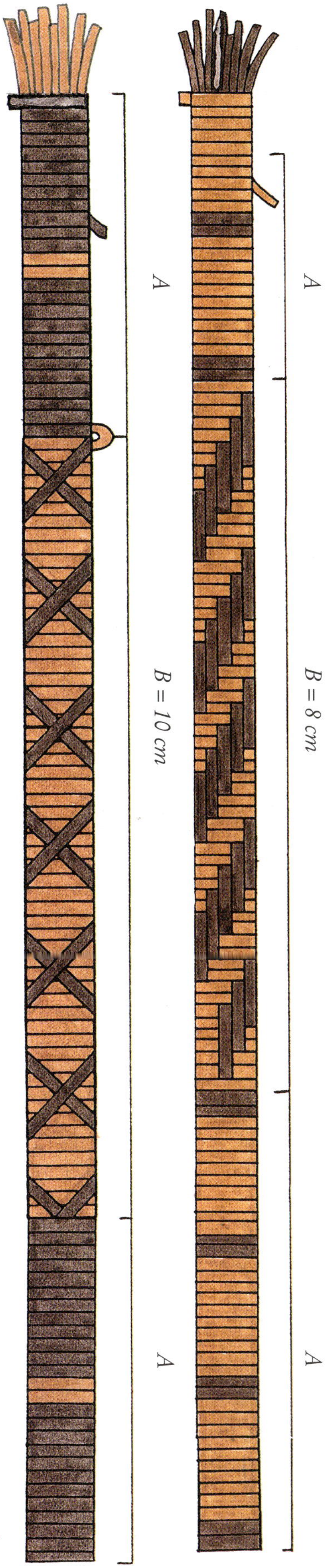

Zaire

Zopf

Das Motiv dieses zweifarbigen Zopfes wird mit Hilfe eines einzigen Arbeitsfadens erstellt, der nach Bedarf verlängert werden kann.

(Aus mattem Zwirn, Art. 89 von DMC)
Braun: 2371
8 Trägerfäden, oder
4 Fäden doppelt genommen
1 Arbeitsfaden aus naturfarbener Schnur, in der gleichen Stärke wie der matte Zwirn.

Trägerfäden befestigen, je nachdem was entstehen soll.

Den Arbeitsfaden 3 cm vom Anfang entfernt verknoten und mit Motiv A beginnen.

Motiv A

Mit dem Arbeitsfaden zehn Runden wickeln. Ablegen. Einen braunen Faden aufnehmen, zwei Runden wickeln, dann zehn Runden mit der Naturschnur, usw. bis zwei feine braune Streifen entstanden sind.
Eine Runde mit der Schnur wickeln.
Dann das Motiv mit der Spirale beginnen:

1

Motiv B

Einen Faden von den Trägerfäden aussparen und eine Runde mit dem Arbeitsfaden wickeln (Abbildung 1).
Unter Aussparen des ersten einen zweiten Trägerfaden zu seiner Rechten aussparen, und mit dem Arbeitsfaden eine Runde wickeln (Abbildung 2).

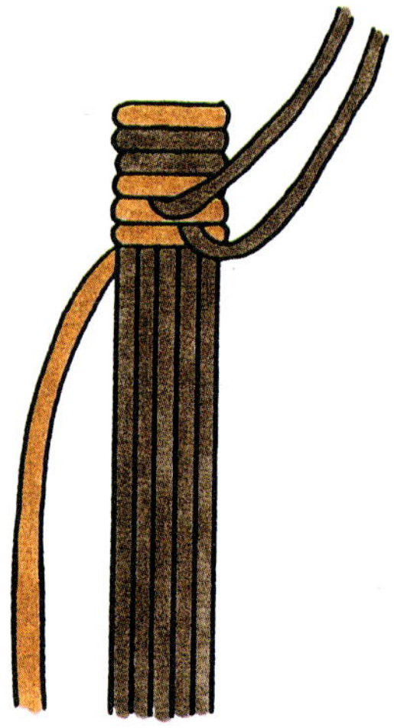

2

Einen dritten Trägerfaden, rechts vom zweiten, aussparen und wieder eine Runde mit dem Arbeitsfaden wickeln (Abbildung 3).
Nun den ersten ausgesparten Faden (denjenigen, der am weitesten links liegt) wieder einordnen und gleichzeitig einen weiteren Faden rechts vom letzten ausgesparten wiederum aussparen, dazwischen jeweils eine Runde mit dem Arbeitsfaden wickeln (Abbildung 4).
Es wird fortgefahren, indem man jeweils den am weitesten links liegenden Faden aufnimmt, rechts einen Faden ausspart und jeweils dazwischen eine Runde mit dem Trägerfaden wickelt.
Es müssen jeweils vor und nach dem Umwickeln mit dem Arbeitsfaden drei ausgesparte Arbeitsfäden freiliegen. Sollten es mehr sein, muß man prüfen, ob man nicht vergessen hat, einen wieder einzuordnen, oder vielleicht zwei auf einmal ausgespart hat.

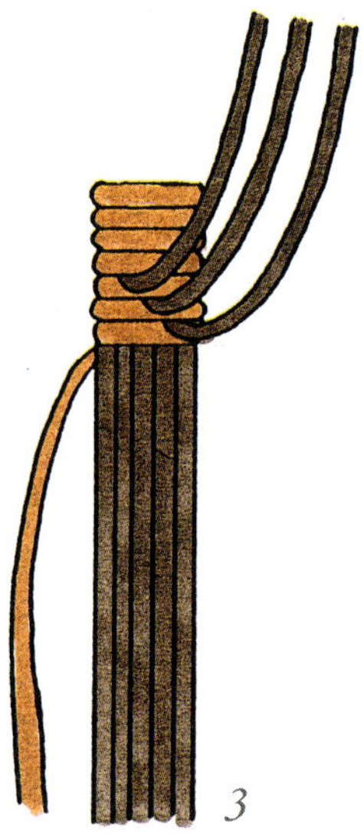

3

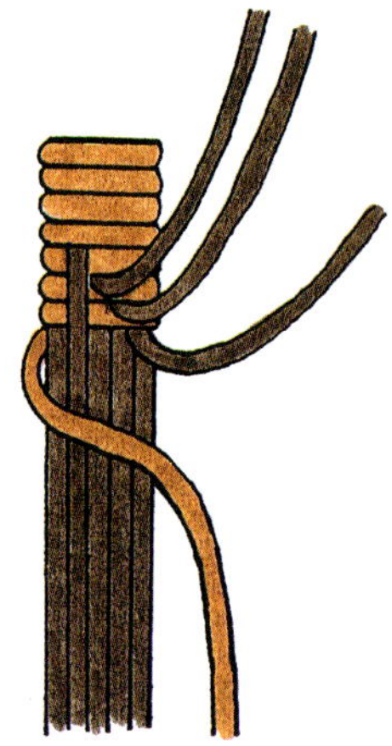

4

Hat man zu wenige, sollte man sich vergewissern, ob man nicht aus Versehen zwei Fäden wieder eingeordnet oder einen auszusparen vergessen hat.
Weiterarbeiten, bis die gewünschte Länge erzielt ist.
Wenn im Verlauf des Umwickelns der Arbeitsfaden ausgeht, kann man einen neuen ansetzen (wie auf Seite 6 erklärt).
Um die Spirale zu beenden, wird nach jeder Wickelrunde ein weiterer Faden eingeordnet, ohne einen neuen freizustellen (Abbildung 5).

5

Dieser Zopf besteht aus Spiralen von 8 cm Länge abwechselnd (Motiv B) mit feinen Streifen (Motiv A).
Ist die gewünschte Länge erzielt, werden drei halbe Knoten mit dem Arbeitsfaden ausgeführt, und alle Fäden auf gleicher Höhe abgeschnitten.

Shanghai

Zopf

Perlgarn DMC Nr. 3
Schwarz: 310 4 Fäden, oder 2 Fäden doppelt genommen
Blau: 798 4 Fäden, oder 2 Fäden doppelt genommen

Fadenlänge: pro Faden jeweils die doppelte der gewünschten Endlänge vorsehen (die vierfache Länge für die doppelt gelegten Fäden).

MOTIV A (schwarzer Arbeitsfaden):
Mit einem schwarzen Faden beginnen, acht Runden wickeln, einen blauen Faden aufnehmen und zwei Runden wickeln, dann erneut zwei Runden mit dem schwarzen, und noch einmal zwei Runden mit dem blauen Faden. Dann acht Runden mit dem schwarzen Faden wickeln.

MOTIV B (blauer Arbeitsfaden):
Mit dem blauen Faden zwei Runden wickeln, einen schwarzen Faden aussparen und erneut zwei Runden mit dem blauen Faden wickeln (Abbildung 1).
Schwarzen Faden ablegen und zwei neue links und rechts vom Faden, der gerade abgelegt wurde, aufnehmen (Abbildung 2).
Eine Runde mit dem blauen Arbeitsfaden wickeln.
Die beiden schwarzen Fäden zurücklegen und den schwarzen Faden aus ihrer Mitte wieder aufnehmen (Abbildung 3).
Zwei Runden mit dem blauen Faden wickeln, den schwarzen Faden zurücklegen, und erneut zwei Runden mit dem blauen Arbeitsfaden wickeln. Arbeitsfaden wechseln: einen schwarzen Faden aufnehmen und das Motiv negativ wickeln.

MOTIV B' (schwarzer Arbeitsfaden):
Zwei Runden mit dem schwarzen Arbeitsfaden wickeln, einen blauen Faden aussparen, zwei Runden mit dem Arbeitsfaden wickeln.
Blauen Faden zurücklegen, die blauen Fäden links und rechts davon aussparen, und eine Runde mit dem Arbeitsfaden wickeln.
Die blauen Fäden zurücklegen, den Faden aus ihrer Mitte wieder aufnehmen, zwei Runden mit dem Arbeitsfaden wickeln, den blauen

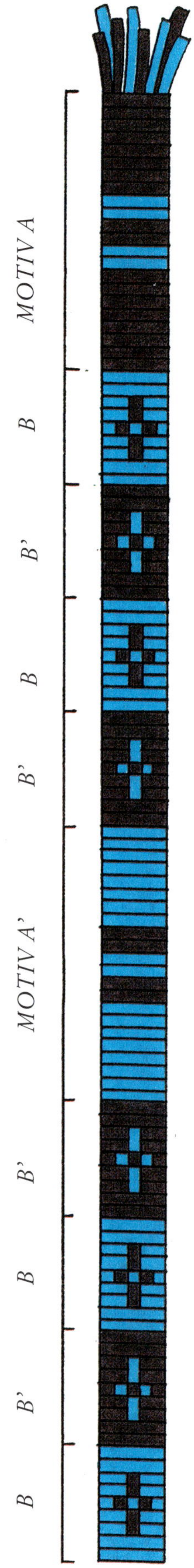

Faden zurücklegen, und erneut zwei Runden mit dem Arbeitsfaden wickeln (Abb. 4).

Motiv B, dann Motiv B' wiederholen.
Der letzte Arbeitsfaden war schwarz (Motiv B').
Arbeitsfaden zurücklegen und einen blauen Arbeitsfaden aufnehmen.
Ein Motiv A' ausführen, das das Negativ zu Motiv A ist.

Motiv A':
(blauer Arbeitsfaden):
Acht Runden mit dem blauen, zwei mit einem schwarzen, zwei mit einem blauen, zwei mit einem schwarzen und schließlich acht mit einem blauen Faden wickeln.
Als nächstes das Motiv B', dann Motiv B, erneut B' und dann Motiv B wickeln.

Einmal Motiv A wickeln, und dann abwechselnd die Motive B', B, B', B, B'.
Man kann so fortfahren, indem man die Motive A, B, B', A' wechselt, je nach Farbe des Arbeitsfadens.

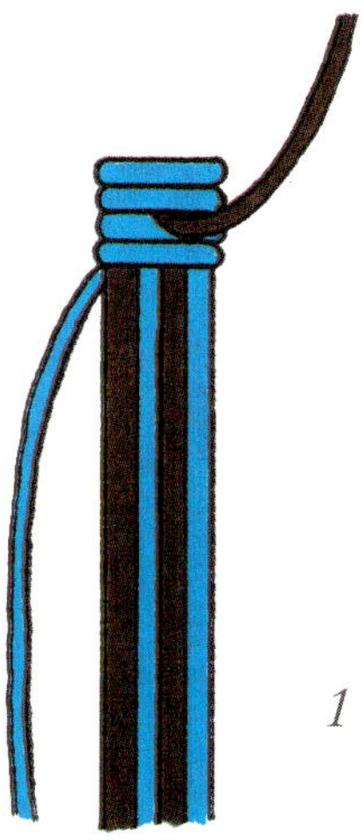
1

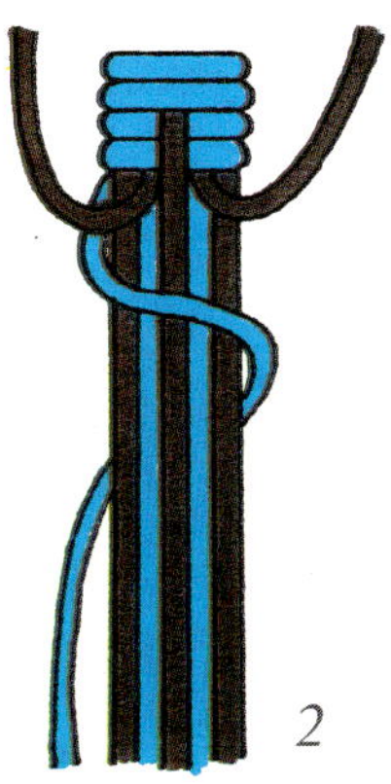
2

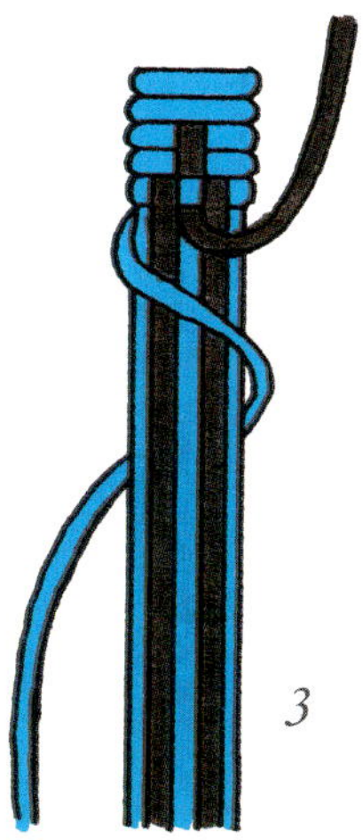
3

4

Peking

Armband

Perlgarn DMC Nr. 5		
Rot:	*321*	*4 Trägerfäden, 50 cm lang*
Grün:	*701*	*1 Arbeitsfaden, 1 m lang*
Gold: :	*276*	*4 Trägerfäden, 30 cm lang*

Mit den vier roten Trägerfäden einen Knoten um eine Sicherheitsnadel machen und 6 cm überstehen lassen. Die Arbeit auf festen Untergrund heften.

Die vier Goldfäden (sie sind zu empfindlich, um auch an der Sicherheitsnadel mit verknotet zu werden) zu den Trägerfäden legen, die ihrerseits aber an der Sicherheitsnadel befestigt sind. Mit dem grünen Arbeitsfaden, doppelt genommen und rittlings über die Trägerfäden gelegt, einen Knoten eng an die Sicherheitsnadel machen und dabei die Goldfäden mit einbeziehen (Abbildung 1). Einen der grünen Fäden behalten und damit sechzehn Runden um die Trägerfäden wickeln. Den grünen Faden zurücklegen, einen goldenen und einen roten Faden aufnehmen und mit beiden gemeinsam vier Runden wickeln, sie zurücklegen und erneut mit einem grünen Faden sechzehn Runden wickeln.
Jetzt mit dem Motiv beginnen:
Mit einem roten Arbeitsfaden zwei Runden wickeln, einen goldenen Faden aussparen, drei Runden mit dem Arbeitsfaden wickeln, den Goldfaden zurücklegen und jeweils einen links und rechts davon aussparen (Abbildung 2).
Zwei Runden mit dem Arbeitsfaden wickeln, den mittleren Goldfaden aufnehmen und die beiden anderen zurücklegen. Drei Runden mit dem Arbeitsfaden machen, den Goldfaden zurücklegen und zwei Runden mit dem Arbeitsfaden wickeln.
Nun ist ein Motiv beendet.
Den roten Arbeitsfaden ablegen, einen grünen aufnehmen, damit vier Runden wickeln und ihn wieder ablegen.
Einen roten Faden aufnehmen und ein neues Motiv beginnen.
Sieben Motive aneinandersetzen, die jeweils unterbrochen sind

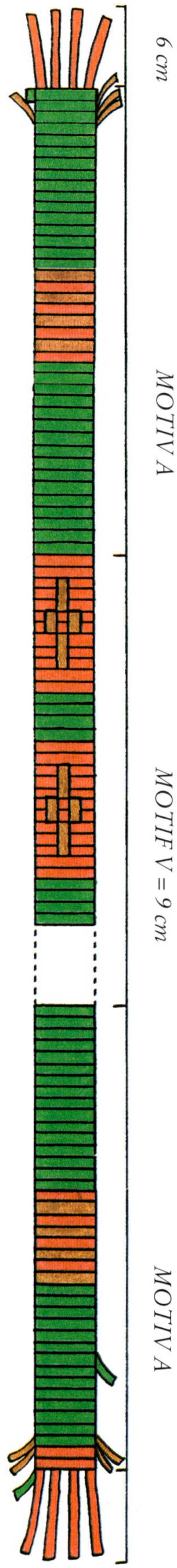

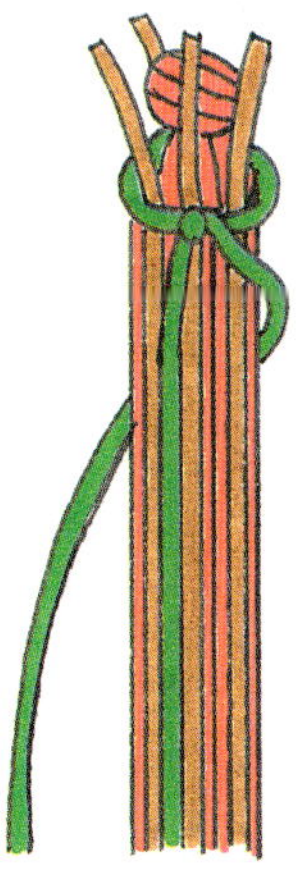

1

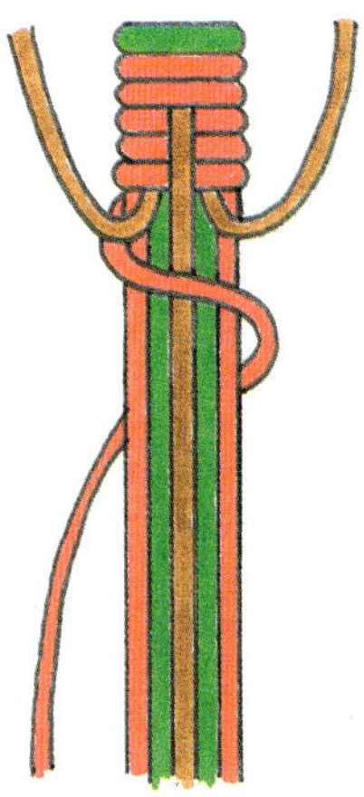

2

von einem grünen Streifen aus vier Wickelrunden.
Am Ende des letzten roten Motivs einen grünen Arbeitsfaden aufnehmen und, wie zu Beginn, sechzehn Runden mit Grün wickeln. Mit einem roten und einem goldenen Faden zusammen vier Runden wickeln, dann mit einem grünen Faden sechs Runden.
Den grünen Faden aussparen, noch acht weitere Runden mit dem Arbeitsfaden vornehmen, und den auch ablegen.
Die vier Goldfäden aussparen, einen roten Arbeitsfaden aufnehmen und vier halbe Knoten machen.
Den ausgesparten grünen Faden, der aus dem Armband heraussteht, sowie die goldenen Fäden ganz kurz abschneiden. Die restlichen vier roten Fäden 6 cm unterhalb vom Armbandfende abschneiden.

Ying-Yang

Zopf

Perlgarn DMC Nr. 5
Schwarz: 310 4 Fäden, oder 2 doppelt genommen
Weiß: 4 Fäden, oder 2 doppelt genommen

Fadenlänge: 50 cm für die einfachen Fäden, 1 m, wenn sie doppelt genommen werden.

Motiv A: Mit einem schwarzen Faden sechs Runden wickeln und den Faden zurücklegen; einen weißen Faden aufnehmen, sechs Runden wickeln und ablegen. Einen schwarzen und einen weißen Faden aufnehmen, mit beiden zusammen zehn Runden wickeln, sie zurücklegen, sechs Runden mit einem schwarzen, dann sechs Runden mit einem weißen Faden wickeln.

Motiv B: Einen schwarzen Arbeitsfaden aufnehmen und eine Spirale von 5 cm wickeln, wobei die weißen Fäden, die bei den Trägerfäden liegen, ausgespart werden. (Die Erklärungen zu "Spirale" auf Seite 30 konsultieren.)

Motiv A': Vorgehen wie bei Motiv A, aber negativ, das heißt, der erste Streifen wird weiß, der zweite schwarz, der zweifarbige Teil bleibt gleich, dann folgen noch ein Streifen Weiß und ein Streifen Schwarz.

Motiv C: Einen weißen Arbeitsfaden aufnehmen, zwei Runden wickeln, zwei schwarze Fäden aussparen, zwei Runden mit dem weißen Arbeitsfaden machen, die schwarzen Fäden wieder zurücklegen und zwei Runden mit dem weißen Arbeitsfaden machen.

Motiv C': Wie Motiv C, aber negativ: Der Arbeitsfaden ist schwarz, die ausgesparten Fäden weiß.

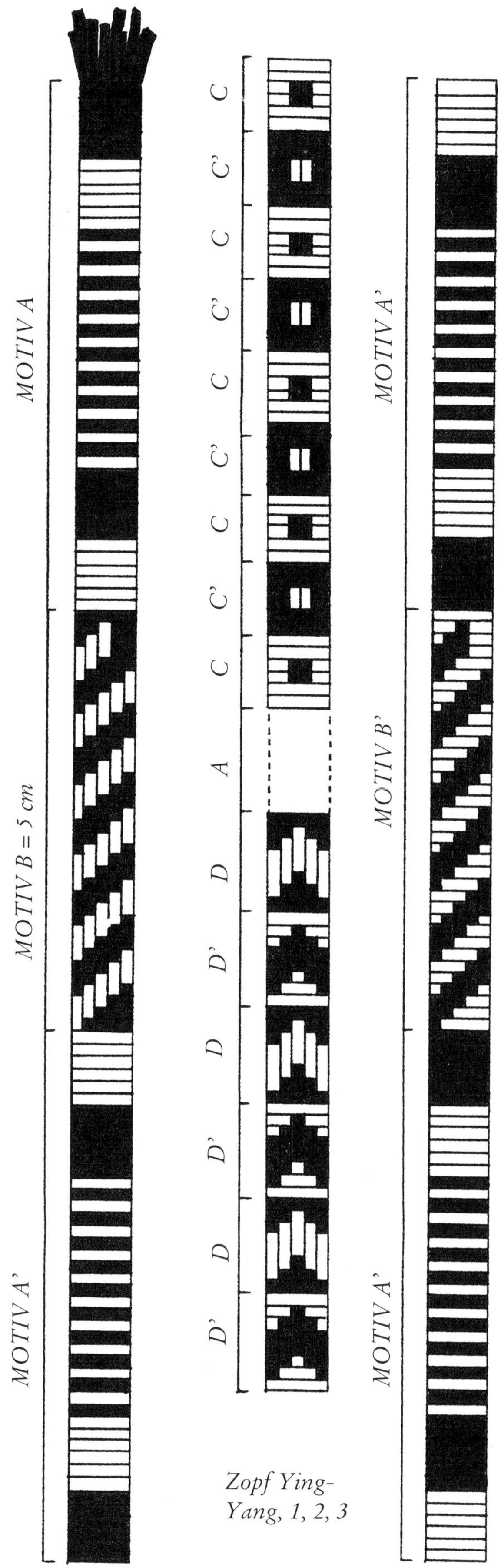

Zopf Ying-Yang, 1, 2, 3

Abwechselnd insgesamt fünf Motive C und vier Motive C' machen. Das letzte Motiv schließt mit einem weißen Arbeitsfaden ab. Weißen Faden zurücklegen und einen schwarzen Arbeitsfaden aufnehmen.
Motiv A ausführen.
Dann den weißen Arbeitsfaden zurücklegen und einen schwarzen Arbeitsfaden aufnehmen.

Motiv D: Eine Runde mit dem schwarzen Arbeitsfaden machen, einen weißen Faden aussparen, eine Runde mit dem Arbeitsfaden machen, die Fäden links und rechts vom bereits ausgesparten weißen Faden ebenfalls aussparen, und eine Runde mit dem Arbeitsfaden machen (Abbildung 1).
Erneut je einen Faden links und rechts von den bereits ausgesparten Fäden aussparen und zwei Runden mit dem Arbeitsfaden wickeln. Mittleren weißen Faden zurücklegen, und eine Runde mit dem Arbeitsfaden wickeln (Abbildung 2).
Fäden auf den beiden Seiten wieder zurücklegen, eine Runde mit dem Arbeitsfaden wickeln, dann die zwei letzten weißen Fäden zurücklegen und eine letzte Runde mit dem Arbeitsfaden wickeln (Abbildung 3).

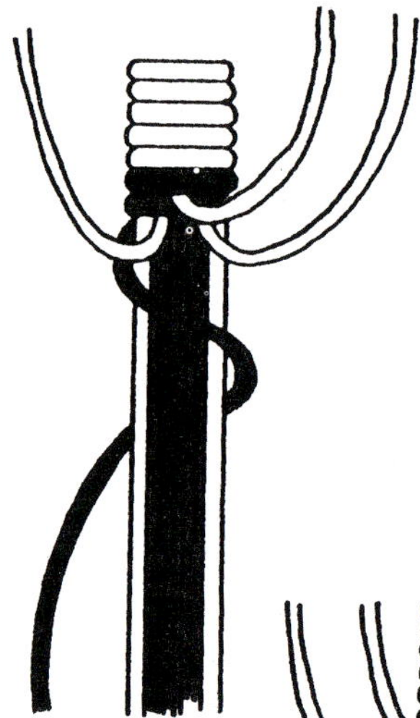

1

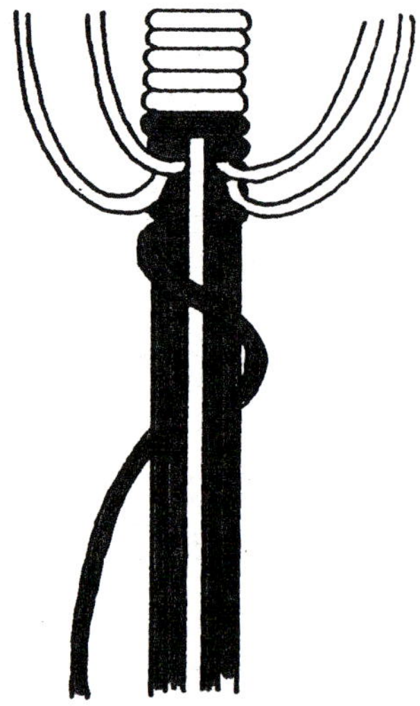

2

3

Motiv D': Genauso verfahren wie unter D, aber im Negativ: Der Arbeitsfaden ist jetzt weiß.

Abwechseln insgesamt drei Motive D und drei Motive D' wickeln. Das letzte Motiv hört mit einem schwarzen Faden auf. Schwarzen Faden ablegen und einen Weißen aufnehmen. Motiv A' machen. Den Arbeitsfaden wechseln (der letzte war schwarz) und eine 6 cm lange Spirale wickeln, die identisch mit der von Motiv B ist, aber in Negativ (Arbeitsfaden weiß).
Das Flechtwerk mit Motiv A abschließen und vier halbe Knoten innerhalb der acht Runden vom weißen Streifen machen.
Alle Fäden auf 3 cm Länge abschneiden.
Sollte während des Flechtens ein Faden nicht reichen, bitte Erklärungen unter *Ansetzen eines neuen Fadens* auf Seite 8 konsultieren.

Es lassen sich auf diese Art eine ganze Reihe von dazu passenden Armbändern flechten, wenn man jeweils eine Folge von gleichen Motiven (B, B' oder C, C' oder D, D') zwischen einem Motiv A und einem Motiv A' aneinandersetzt.

Armbänder

Perlgarn DMC Nr. 3

Schwarz:	*4 Trägerfäden*
	1 Arbeitsfaden
Weiß:	*1 Arbeitsfaden*

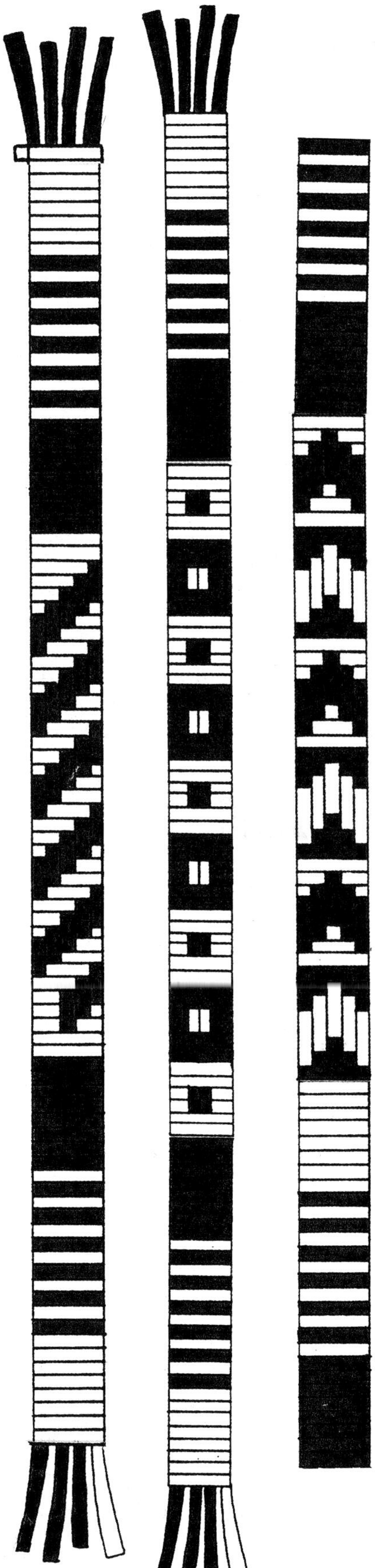

Fadenlänge: Für die Trägerfäden 30 cm vorsehen.
Für den schwarzen Arbeitsfaden 50 cm;
für den weißen Arbeitsfaden 1 m.

SHIKOKU
Die vier schwarzen Trägerfäden um eine Sicherheitsnadel knoten und 6 cm vom Faden überstehen lassen.
Mit den beiden Arbeitsfäden (schwarz und weiß) einen Knoten um die Fäden der Sicherheitsnadel machen.
Den schwarzen Faden zu den Trägerfäden legen, und mit dem weißen Faden acht Runden wickeln (Abb. 1).
Den schwarzen Faden dazunehmen, und mit beiden sechs Runden wickeln (Abbildung 2).
Den weißen Faden zurücklegen. Mit dem schwarzen Faden noch weitere acht Runden wickeln.
Mit dem weißen Faden als Arbeitsfaden eine 8 cm lange Spirale wickeln (Motiv B' von *Ying-Yang*).
Dann mit dem schwarzen Arbeitsfaden acht Runden, mit Weiß und Schwarz zusammen sechs Runden wickeln, den schwarzen Arbeitsfaden ablegen, mit dem weißen noch vier Runden weiterwickeln, vier halbe Knoten machen und damit abschließen.
Zwei der schwarzen Fäden ganz kurz abschneiden, und die vier übrigen Fäden 6 cm unterhalb vom Flechtende.

HOKKAIDO
Für den Anfang genauso vorgehen wie für Modell *Shikoku*, und dann den Vorgaben folgen.

KYUSHU
Für den Anfang genauso vorgehen, wie für Modell *Shikoku*, und dann den Vorgaben folgen.

Shikoku, Hokkaido, Kyushu

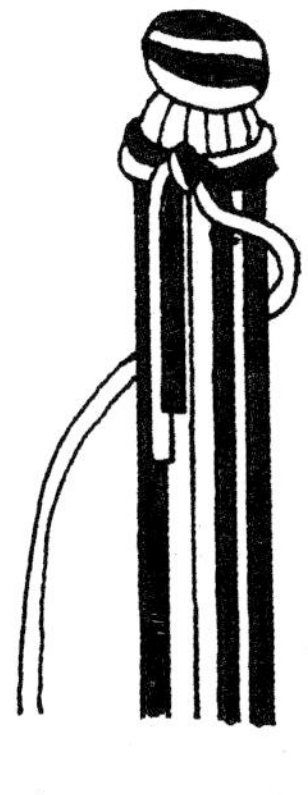

1

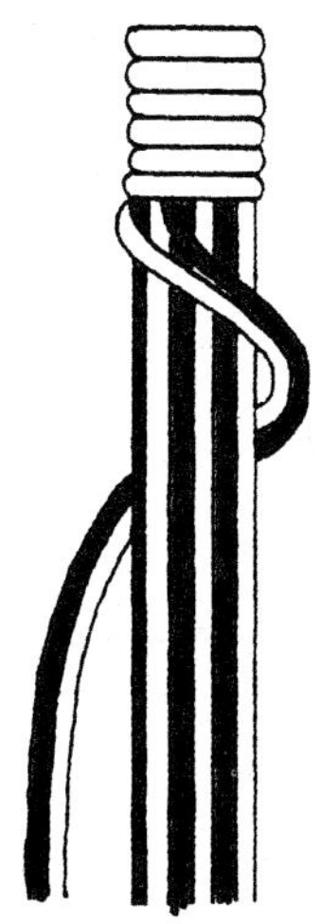

2

Tausendundeine Nacht

Zopf

Perlgarn DMC Nr. 5
Blau: 824 2 Fäden, oder 1 doppelt genommen
Blau: 798 2 Fäden, oder 1 doppelt genommen
Blau: 799 4 Fäden, oder 2 doppelt genommen
Gold: 282 4 Fäden, oder 1 doppelt genommen
Silber: 283 4 Fäden, oder 1 doppelt genommen

Fadenlänge:
Für jeden Faden zweimal die gewünschte Länge (bei doppelt gelegtem Faden vier mal die Länge) des gewünschten fertigen Bandes vorsehen.

Befestigung vorsehen, je nachdem was für ein Band entstehen soll.

Mit dem blauen Faden Nr. 824 beginnen, und vier Runden wickeln.
Zwei goldene Fäden aufnehmen, noch eine Runde mit dem blauen Faden wickeln und ihn dann in Wartestellung legen (Abbildung 1).
Vier halbe Knoten mit Gold machen und dabei jeweils den links liegenden Faden benutzen (Abbildung 2).
Die Goldfäden zu den Trägerfäden legen, die Warteschleife vom blauen Arbeitsfaden lösen, und weitere fünf Runden wickeln. Zwei Silberfäden, die noch nicht dran waren, aufnehmen. Eine Runde mit dem blauen Arbeitsfaden wickeln, ihn in Wartestellung legen, und vier halbe Knoten mit den silbernen Fäden machen.
Warteschleife vom blauen Faden öffnen und damit weiterwickeln. Fortfahren, indem man die Sternmotive rund um den Zopf eher zufällig verteilt, und dabei einmal zwei goldene, einmal zwei silberne und einmal je einen goldenen und silbernen Faden benutzt. Den Arbeitsfaden alle 2 cm wechseln, und zwar in folgender Reihenfolge:
Blau 824, Blau 799, Blau 798, Blau 799, Blau 824, Blau 799...

1

2

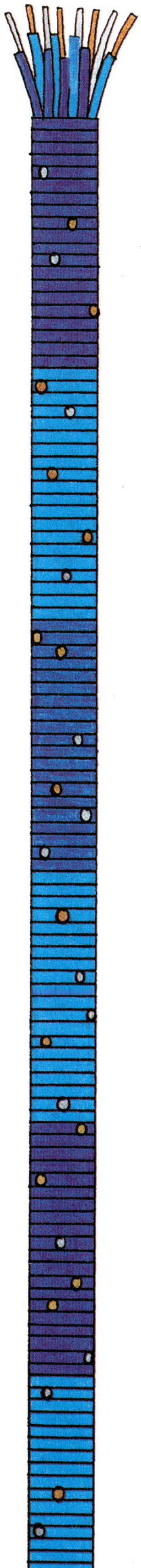

Scheherzerade

Zopf

Perlgarn DMC Nr. 5

Marineblau:	*791*	*1 Arbeitsfaden, 1 m lang*
Blautürkis:	*807*	*1 Arbeitsfaden, 50 cm lang*
Violett:	*327*	*4 Fäden, oder 2 doppelt genommen*
Hellgold:	*Art. 282*	*8 Fäden, oder 4 doppelt genommen*

Länge der Trägerfäden: zweimal die gewünschte Endlänge.

Trägerfäden je nach gewünschtem fertigem Gegenstand befestigen. Den türkisen Arbeitsfaden um die Trägerfäden knoten und damit zu wickeln beginnen.

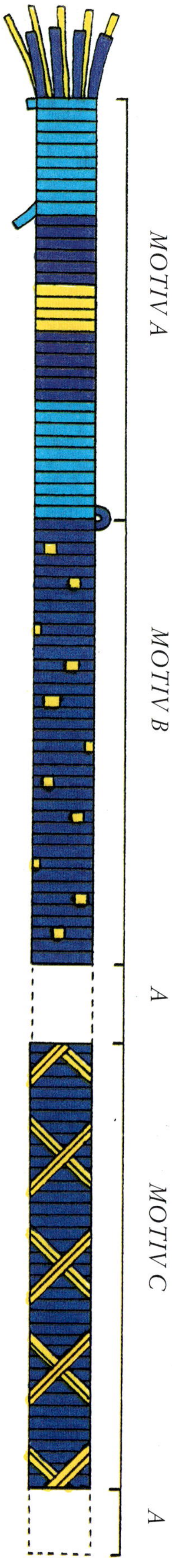

Motiv A
Zehn Runden mit Türkis wickeln, Faden zurücklegen, einen violetten Arbeitsfaden aufnehmen und sechs Runden wickeln. Faden ablegen, den Goldfaden aufnehmen, vier Runden wickeln, Goldfaden ablegen; den violetten Faden aufnehmen, sechs Runden wickeln, Faden ablegen; den türkisen Arbeitsfaden aufnehmen und zehn Runden wickeln.
Den marineblauen Arbeitsfaden doppelt nehmen, über den türkisen legen; türkisen Faden ablegen und eine Runde mit beiden marineblauen Fäden wickeln, einen der blauen Fäden ablegen und mit dem zweiten (jetzt Motiv B) zu wickeln beginnen (Abbildung).

Motiv B
Zwei Goldfäden beiseitelegen, eine Runde mit dem Arbeitsfaden wickeln, Goldfäden zurücklegen, drei Runden mit Arbeitsfaden wickeln. Einen Goldfaden herauslegen, der noch nicht dran war, eine Runde mit Arbeitsfaden wickeln, Goldfaden zurücklegen... Auf diese Weise 3 cm mit dem marineblauen Arbeitsfaden wickeln, und jeweils im Wechsel einen oder zwei Goldfäden aussparen. Nach diesen 3 cm den marineblauen gegen den türkisen Arbeitsfaden auswechseln und Motiv A wickeln.

Motiv C
Vier nebeneinanderliegende Goldfäden aussparen und damit Überkreuzungen vornehmen. Den türkisen Arbeitsfaden zurücklegen,

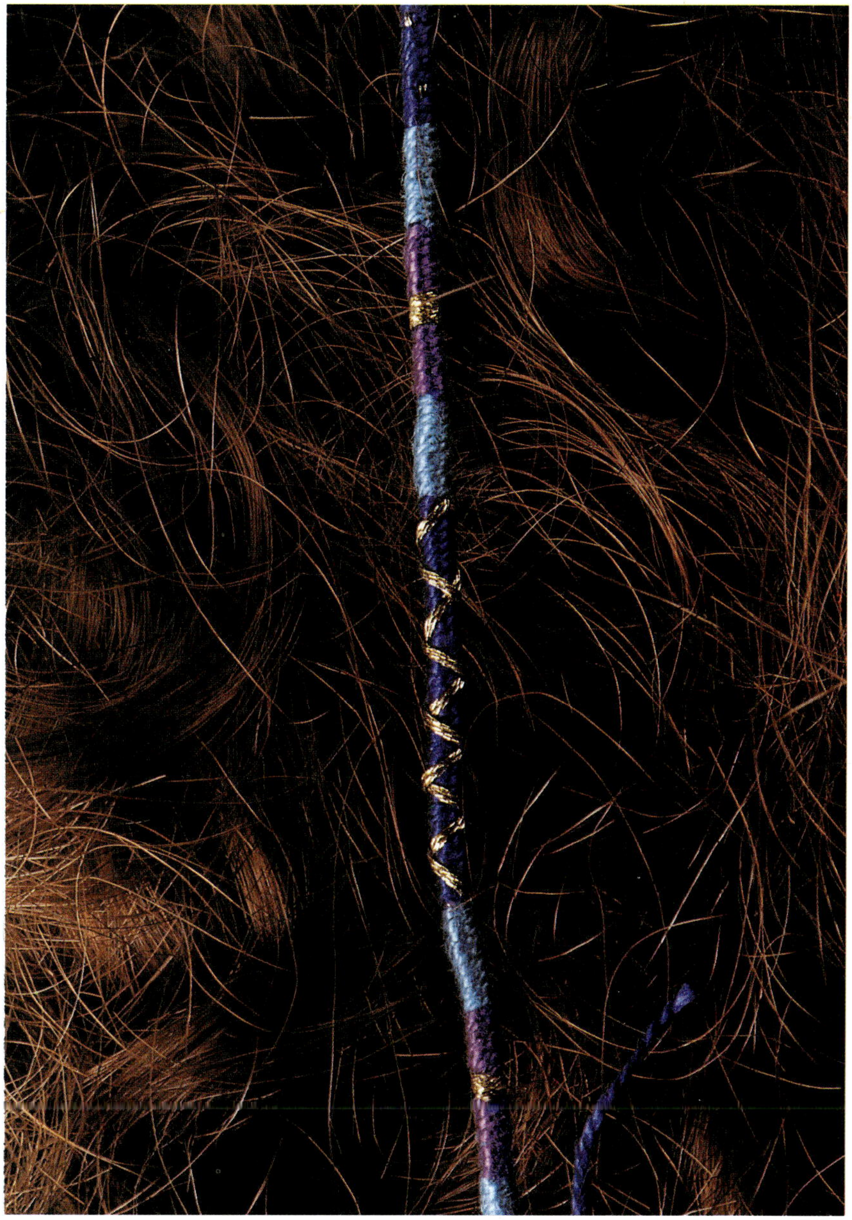

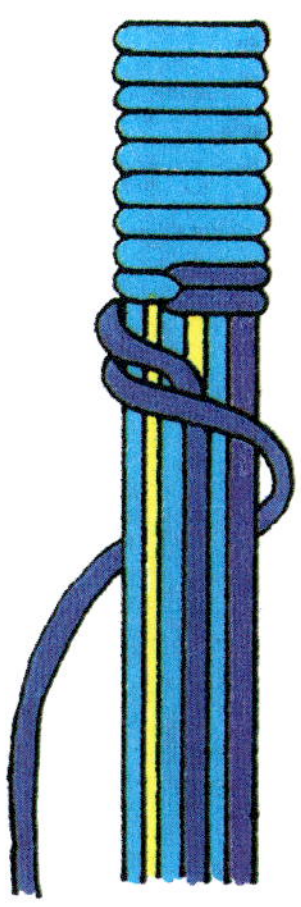

einen marineblauen Faden aufnehmen, 3 cm wickeln und den Faden in Wartestellung legen.
Die Überkreuzungen mit jeweils zwei Goldfäden zusammen vornehmen. Bevor man sie zurück zu den Trägerfäden legt, noch ein letztes Mal überkreuzen.

Blauen Faden aus der Warteschleife lösen, ablegen, und den türkisen Arbeitsfaden aufnehmen, um Motiv A zu wickeln.
Nach Motiv A einen blauen Arbeitsfaden aufnehmen, einmal Motiv B machen, dann erneut ein Motiv A und ein Motiv C, und dann mit Motiv A abschließen. Mit Türkis zwei halbe Knoten machen, Faden ablegen, einen blauen Faden aufnehmen, vier halbe Knoten damit machen, und die Fäden 3 cm weiter unten abschneiden.
Türkisen Faden auf gleicher Höhe wie den marineblauen Faden kurz abschneiden, sodaß er nicht mehr bei den offenen Fäden erscheint.

Aladin

Armband

Perlgarn DMC Nr. 5

Marineblau:	*791*	*2 Arbeitsfäden, 1 m*
Türkisblau:	*807*	*4 Trägerfäden, 30 cm*
		1 Trägerfaden, 60 cm
Violett:	*327*	*1 Arbeitsfaden, 60 cm*
Hellgold:	*Art. 282*	*4 Trägerfäden, 50 cm*

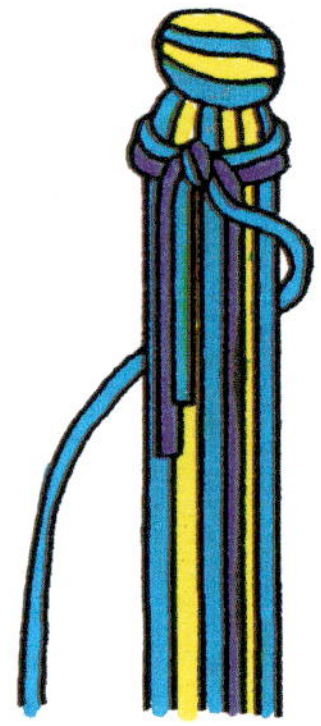

Mit den drei türkisen und den vier goldenen Trägerfäden einen Knoten um eine Sicherheitsnadel oder ein Band machen, und 6 cm überhängen lassen. Die beiden kurzen Arbeitsfäden (türkis und violett) doppelt nehmen, um die Trägerfäden legen, und damit einen Knoten eng an der Sicherheitsnadel machen.
Einen der türkisen Fäden zum Umwickeln behalten, die anderen zu den Trägerfäden legen. Zehn Runden wickeln (Abbildung).
Den türkisen Arbeitsfaden ablegen, einen violetten Arbeitsfaden aufnehmen, sechs Runden wickeln und den Faden wieder ablegen.
Den goldenen Faden aufnehmen und vier Runden wickeln.
Für die Symmetrie, sechs Runden in Violett und neun Runden Türkis wickeln; statt der zehnten Runde einen halben Knoten machen und türkisen Faden ablegen.
Die vier goldenen Fäden aussparen. Die beiden marineblauen Fäden um die Trägerfäden knoten und dabei 3 cm frei lassen.
Das lange Teil umwickeln und gleichzeitig die kurzen Enden erfassen. 4 cm wickeln und Arbeitsfäden in Wartestellung legen.
Nun je zwei Goldfäden aufnehmen, und über die ganze Länge vom Marineblau Überkreuzungen vornehmen. Goldfäden zurücklegen, die Wartefäden aufmachen und ebenfalls dazulegen, einen violetten Faden aufnehmen, und damit sechs Runden wickeln.
Vier Runden mit einem goldenen Faden wickeln, erneut einen violetten Arbeitsfaden aufnehmen, und sechs Runden wickeln.
Noch einmal ein genau gleiches Stück in Marineblau mit goldenen Überkreuzungen erstellen.
Nach dem Überkreuzen Fäden ablegen. Einen violetten Faden aussparen. Arbeitsfaden wechseln; mit einem türkisen Faden 10 Runden wickeln. Einen marineblauen Faden aussparen; den Arbeitsfaden ablegen, den violetten Arbeitsfaden aufnehmen, sechs

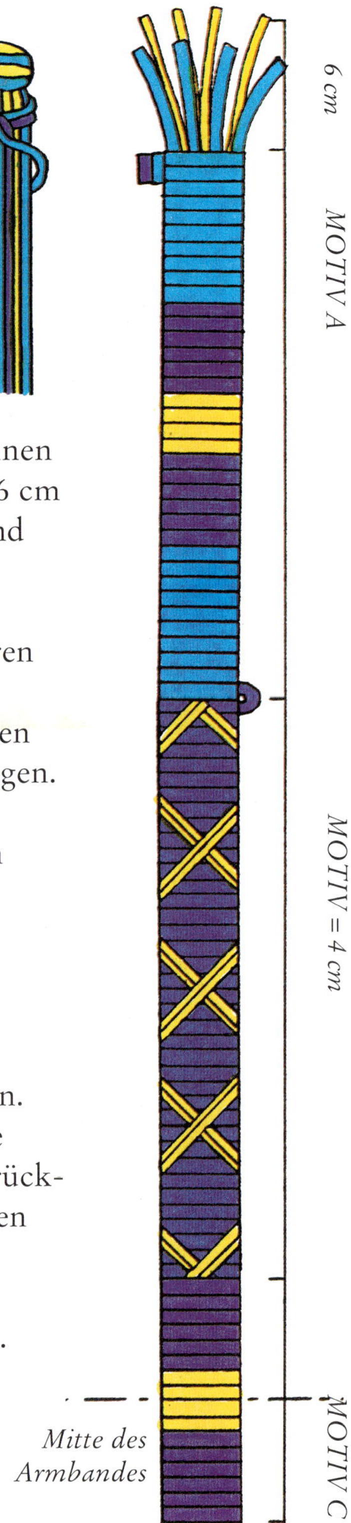

Runden wickeln, und den letzten marineblauen Faden aussparen. Den Arbeitsfaden zurücklegen, einen Goldfaden aufnehmen und vier Runden wickeln; dann mit Violett sechs Runden wickeln. Einen der türkisen Arbeitsfäden aussparen. Währenddessen mit dem anderen sechs Runden wickeln, dann mit vier halben Knoten aufhören.
Alle ausgesparten und den letzten violetten Faden kurz abschneiden. Als Trägerfäden bleiben jetzt nur noch drei türkise und vier Goldfäden. Alle sieben Fäden 6 cm vom Flechtende abschneiden.

Salzburg

Armband

Perlgarn DMC Nr. 5
Blau: 597 5 Trägerfäden, 40 cm,
1 angesetzter Faden, 50 cm
Koralle: 351 1 Arbeitsfaden, 1 m
Ocker: 729 1 Arbeitsfaden, 1 m

Dieses Armband besteht aus einer Spirale, für die der Arbeitsfaden doppelt gelegt wurde.

1

Mit den 5 Trägerfäden einen Knoten um eine Sicherheitsnadel binden und 6 cm der Fäden überstehen lassen.
Das Ganze auf eine feste Unterlage stecken.
Mit den Arbeitsfäden in Koralle und Ocker Knoten direkt an die Sicherheitsnadel setzen. Fäden 3 cm überstehen lassen (Abb. 1).
Mit den beiden langen Enden zehn Runden um die Trägerfäden wickeln. Den blauen Faden, der angesetzt wird, rittlings über die zwei Arbeitsfäden legen. Arbeitsfäden ablegen und mit den beiden blauen Fäden vier Runden wickeln (Abb. 2).
Die blauen Fäden ablegen und die Arbeitsfäden in Ocker und Koralle aufnehmen. Eine Runde wickeln, um die blauen Fäden fest einzubinden, dann die spiralenförmige Windung einarbeiten.
Erklärungen zu "Spiralen" konsultieren (Seite 30).
Die blauen Fäden werden ausgespart, während der koralle- und ockerfarbene Faden als Arbeitsfäden dienen.
Über 9,5 cm die Spirale flechten, dann mit drei Runden abschließen, während derer keine neuen Fäden mehr ausgespart werden.
Arbeitsfäden zu den Trägerfäden legen, und die zwei blauen Fäden aufnehmen (die längsten), und damit vier Runden wickeln.
Einreihen, zwei Arbeitsfäden (Blau und Ocker) aufnehmen, eine Runde damit wickeln. Einen blauen Faden aussparen, zwei Runden wickeln, einen weiteren blauen Faden aussparen, und zwei Runden wickeln. Einen blauen Faden aussparen, zwei Runden wickeln.
Arbeitsfäden ablegen, einen blauen Faden aufnehmen, vier halbe Knoten damit machen, um die Arbeit abzuschließen.
Nun kann man die ausgesparten blauen Fäden, den Ocker und Korallefaden abschneiden, und die Enden zu beiden Seiten auf die gleiche Länge zurückschneiden.

2

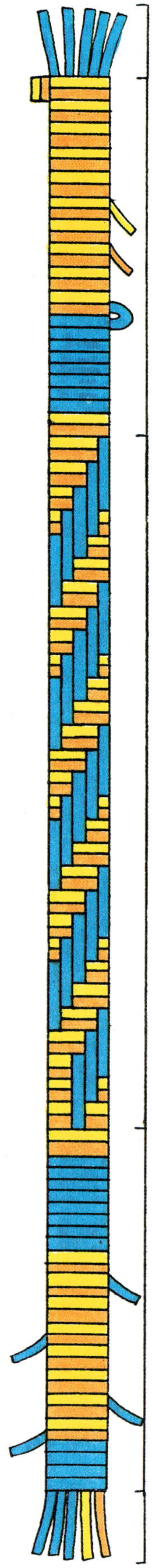

DMC FARBTABELLE DMC

DMC-Sticktwist Art. 117 - DMC-Perlgarn Art. 115 ● Nr. 3 ○ Nr. 5 — DMC- Perlgarn Art. 116 ▲ Nr.5 △ Nr.8 ▽ N.12

1

	3713
● ○ ▲ △	761
● ○ ▲ △	760
	3712
● ○ △	3328
● ○ △	347
● ○	948
● ○ ▲ △	754
● ○ ▲ △	353
● ○ ▲ △	352
● ○ △	351
○ ▲ △	350
● ○	349
○ △	817
● ○ △	894
● ○ ▲ △	893
● ○ △	892
○ △	891

2

○	963
	3716
○	962
○	961
● △	957
● ○ △	956
	3708
	3706
	3705
○ △	3801
● ○ ▲ △ ▽	666
● ○ ▲ △	321
○ △	304
● ○ ▲ △	498
○ △	816
● ○ ▲ △	815
○ ▲ △ ▽	814

3

○ △	819
● ○ ▲ △ ▽	818
● ○ ▲ △	776
○ ▲ △	3326
● ○ ▲ △	899
○ ▲ △	335
● ○ ▲ △	309
○	326
○	3354
	3733
○	3731
○	3350
● ○ ▲ △ ▽	3689
○ ▲ △	3688
● ○ ▲ △	3687
	3803
● ○ ▲ △	3685

4

	3806
	3805
	3804
● ○ ▲ △	605
○ ▲ △	604
● ○ △	603
○ ▲ △	602
● ○ ▲ △	601
○ △	600
	3609
	3608
	3607
● △	718
	917
● ○ △	915

5

● ○ △ ▽	225
● ○ △ ▽	224
● ○ △ ▽	223
	3722
	3721
● ○	221
○ △ ▽	778
	3727
○ △ ▽	316
	3726
○ △	315
	3802
● ○ ▲ △	902
▲ △ ▽	3743
○ △ ▽	3042
○ △	3041
	3740

6

● ○ ▲ △	554
● ○ ▲ △	553
● ○ ▲ △	552
● ○ ▲ △	550
● ○ ▲ △ ▽	211
● ○ ▲ △	210
○ ▲ △	209
● ○ ▲ △	208
○	327
	3747
○ △	341
○ △	340
	3746
○ △	333

7

○ △ △	794
○	793
	3807
○	792
○	791
● ○ ▲ △	800
○ ▲ △	809
● ○ ▲ △	799
● ○ ▲ △	798
● ○ ▲ △	797
● ○ ▲ △	796
○ △	820
▲ △ ▽	3753
	3752
● ○ ▲ △ ▽	932
○ ▲ △ ▽	931
● ○ ▲ △	930
	3750

8

	3756
○	775
● ○ ▲ △	3325
	3755
○ ▲ △	334
● ○ △	322
○ ▲	312
○ △	311
● ○ ▲	336
● ○ ▲ △	823
○	939
● ○ △	828
● ○ ▲ △	827
● ○ △	813
● ○ △	826
○ △	825
○	824

9

	3761
● ○ ▲ △	519
● ○ ▲ △	518
	3760
○ △	517
● ○ ▲ △	996
● ○ ▲ △	995
● ○ ▲ △	747
	3766
● ○	807
● ○ △	806
	3765
	3811
● ○	598
● ○	597
	3810
	3809
	3808

10

	964
○ △	959
	958
	3812
● ○ ▲ △	943
● ○ ▲ △	993
○	992
○ △	3814
● ○ △	991
● ○ △ ▽	928
● ○ △ ▽	927
	926
● ○	3768
● ○	924
	3817
	3816
	3815

11

● ○ △ ▽	504
	3813
○ △ ▽	503
● ○	502
● ○	501
● ○	500
	564
	563
	562
	561
● ○ △	955
○ ▲ △	954
● ○ △	913
○ △	912
● ○ ▲ △	911
○ △	910
● ○ ▲ △	909
	3818

12

○	966
○ △	369
● ○ ▲ △	368
● ○ ▲ △	320
○ ▲ △	367
● ○ ▲ △	319
● ○ ▲ △	890
● ○ △	989
○ △	988
● ○	987
○	986
	772
● ○ ▲ △	3348
● ○ ▲ △	3347
● ○ ▲ △	3346
● ○ ▲ △	3345
○ ▲	895

13

▲ △ ▽	524
	523
	522
	520
○	3053
○	3052
○	3051
	3364
	3363
	3362
● ○	472
● ○ △	471
● ○ △	470
● ○ △	469
● ○ ▲ △	937
○ △	936
○	935
○	934

14

○ △	704
● ○ ▲ △	703
● ○ ▲ △	702
● ○ ▲ △	701
● ○ △	700
● ○ ▲ △ ▽	699
● ○ △	907
○ ▲ △	906
● ○ △	905
● ○ ▲ △	904
	3819
● ○ △	581
● ○ △	580
● ○	734
○	733
● ○	732
	731
● ○	730

15

○	3013
● ○	3012
● ○ △	3011
	372
	371
	370
● ○	834
	833
● ○	832
	831
○	830
● ○	829
○ △	613
○	612
○	611
○	610

16

○	3047
● ○	3046
● ○	3045
○ △	422
	3828
○	420
○	869
● ○ ▲ △	783
● ○ △	782
○ △	781
● ○ △	780
● ○	746
● ○	677
● ○ △ ▽	676
● ○	729
	680
	3829

17

	3822
	3821
	3820
● ○ ▲ △	445
● ○ △	307
● ○ ▲ △	444
○	3078
● ○ △	727
● ○ △	726
● ○ △	725
▲ △ ▽	3823
● ○ ▲ △	745
● ○ ▲ △	744
● ○ ▲ △	743
● ○ ▲ △	742
○ △	741
● ○ ▲ △	740

18

● ○ ▲ △	973
● ○ ▲ △	972
● ○	971
	970
● ○ ▲ △	947
○ ▲ △	946
● ○ △	900
● ○ △	608
● ○ △	606
	3824
	3341
	3340
	3825
	722
	721
	720

19

● ○ ▲ △	922
○ ▲ △	921
● ○ ▲ △	920
○ ▲ △	919
● ○ ▲ △	918
● ○ △	402
	3776
● ○ △	301
○	400
● ○ △	300
	3827
● ○	977
● ○	976
	3826
● ○	975

20

	3770
● ○	951
● ○ △	945
	3774
● ○ △ ▽	950
	3773
	3064
● ○	407
	3772
● ○	632
	3779
● ○ △ ▽	758
	3778
● ○ △ ▽	356
	3830
● ○ △	355
	3777

21

● ○ ▲ △ ▽	712
● ○ ▲ △	739
● ○ ▲ △	738
● ○ △ ▽	437
● ○ ▲ △	436
○ △	435
● ○ ▲ △	434
● ○ ▲ △	433
● ○ ▲ △	801
● ○ ▲ △	898
● ○ ▲ △	938
○	3371
○ △	543
● ○ ▲ △ ▽	842
● ○ ▲ △	841
○ △	840
○	839
● ○	838

22

● ○ ▲ △ ▽	B5200
● ○ ▲ △ ▽	BLANC
● ○ ▲ △ ▽	ECRUT
○	3024
	3023
○	3022
	3787
○	3021
● ○ ▲ △ ▽	822
● ○ ▲ △ ▽	644
● ○ ▲ △ ▽	642
● ○ ▲ △ ▽	640
	3790
○ △ ▽	3033
	3782
	3032
	3781
	3031

23

○	453
	452
○	451
	535
○	3072
○	648
○	647
○	646
○	645
○	844
● ○ ▲ △	762
● ○ ▲ △ ▽	415
● ○ ▲ △	318
● ○ ▲ △	414
● ○	317
● ○ △	413
	3799
● ○ ▽	310

24

○ △	48
△	116
△	62
△	112
○ △	107
○ △	57
△	75
○ △	115
○ △	99
○ △	95
△	126
○ △	52
△	102

25

	124
○ △	93
	113
○ △	121
	103
△	67
○ △	91
△	123
△	125
○	101
△	114
○ △	122
○ △	92

26

△	94
○ △	104
○ △	90
○	108
○ △	51
△	106
△	111
○ △	61
○ △	105
△	69
○ △	53

TABLEAU DE RECHERCHE DES COULEURS - KEY TO COLOUR NUMBERS
FARBTABELLE - TABEL OM KLEUREN UIT TE ZOEKEN - TABELLA RICERCA COLORI
TABLA PARA BUSCAR LOS COLORES - QUADRO DE PROCURA DAS CORES
FARVENUMMER OVERSIGT - FÄRGSÖKNINGSTABELL - TABELA KOLORÓW
颜色代号卡 - カラー番号表 - جدول تحديد الألوان

N° Couleur - Colour No - Farbnr. - Nr Kleur - N° colore - N° Color - N° Cor
Farve nr. - Färg nr. - Nr. koloru - 颜色代号 - カラー番号 - رقم اللون

Colonne - Column - Spalte - Kolom - Colonna - Columna - Coluna
Kolonne - Kolumn - Kolumna - 列 - 欄 - العمود

ECRUT	22	211	6	400	19	563	11	727	17	813	8	910	11	971	18	3347	12	3773	20
BLANC	22	221	5	402	19	564	11	729	16	814	2	911	11	972	18	3348	12	3774	20
B5200	22	223	5	407	20	580	14	730	14	815	2	912	11	973	18	3350	3	3776	19
48	24	224	5	413	23	581	14	731	14	816	2	913	11	975	19	3354	3	3777	20
51	26	225	5	414	23	597	9	732	14	817	1	915	4	976	19	3362	13	3778	20
52	24	300	19	415	23	598	9	733	14	818	3	917	4	977	19	3363	13	3779	20
53	26	301	19	420	16	600	4	734	14	819	3	918	19	986	12	3364	13	3781	22
57	24	304	2	422	16	601	4	738	21	820	7	919	19	987	12	3371	21	3782	22
61	26	307	17	433	21	602	4	739	21	822	22	920	19	988	12	3607	4	3787	22
62	24	309	3	434	21	603	4	740	17	823	8	921	19	989	12	3608	4	3790	22
67	25	310	23	435	21	604	4	741	17	824	8	922	19	991	10	3609	4	3799	23
69	26	311	8	436	21	605	4	742	17	825	8	924	10	992	10	3685	3	3801	2
75	24	312	8	437	21	606	18	743	17	826	8	926	10	993	10	3687	3	3802	5
90	26	315	5	444	17	608	18	744	17	827	8	927	10	995	9	3688	3	3803	3
91	25	316	5	445	17	610	15	745	17	828	8	928	10	996	9	3689	3	3804	4
92	25	317	23	451	23	611	15	746	16	829	15	930	7	3011	15	3705	2	3805	4
93	25	318	23	452	23	612	15	747	9	830	15	931	7	3012	15	3706	2	3806	4
94	26	319	12	453	23	613	15	754	1	831	15	932	7	3013	15	3708	2	3807	7
95	24	320	12	469	13	632	20	758	20	832	15	934	13	3021	22	3712	1	3808	9
99	24	321	2	470	13	640	22	760	1	833	15	935	13	3022	22	3713	1	3809	9
101	25	322	8	471	13	642	22	761	1	834	15	936	13	3023	22	3716	2	3810	9
102	24	326	3	472	13	644	22	762	23	838	21	937	13	3024	22	3721	5	3811	9
103	25	327	6	498	2	645	23	772	12	839	21	938	21	3031	22	3722	5	3812	10
104	26	333	6	500	11	646	23	775	8	840	21	939	8	3032	22	3726	5	3813	11
105	26	334	8	501	11	647	23	776	3	841	21	943	10	3033	22	3727	5	3814	10
106	26	335	3	502	11	648	23	778	5	842	21	945	20	3041	5	3731	3	3815	10
107	24	336	8	503	11	666	2	780	16	844	23	946	18	3042	5	3733	3	3816	10
108	26	340	6	504	11	676	16	781	16	869	16	947	18	3045	16	3740	5	3817	10
111	26	341	6	517	9	677	16	782	16	890	12	948	1	3046	16	3743	5	3818	11
112	24	347	1	518	9	680	16	783	16	891	1	950	20	3047	16	3746	6	3819	14
113	25	349	1	519	9	699	14	791	7	892	1	951	20	3051	13	3747	6	3820	17
114	25	350	1	520	13	700	14	792	7	893	1	954	11	3052	13	3750	7	3821	17
115	24	351	1	522	13	701	14	793	7	894	1	955	11	3053	13	3752	7	3822	17
116	24	352	1	523	13	702	14	794	7	895	12	956	2	3064	20	3753	7	3823	17
121	25	353	1	524	13	703	14	796	7	898	21	957	2	3072	23	3755	8	3824	18
122	25	355	20	535	23	704	14	797	7	899	3	958	10	3078	17	3756	8	3825	18
123	25	356	20	543	21	712	21	798	7	900	18	959	10	3325	8	3760	9	3826	19
124	25	367	12	550	6	718	4	799	7	902	5	961	2	3326	3	3761	9	3827	19
125	25	368	12	552	6	720	18	800	7	904	14	962	2	3328	1	3765	9	3828	16
126	24	369	12	553	6	721	18	801	21	905	14	963	2	3340	18	3766	9	3829	16
208	6	370	15	554	6	722	18	806	9	906	14	964	10	3341	18	3768	10	3830	20
209	6	371	15	561	11	725	17	807	9	907	14	966	12	3345	12	3770	20		
210	6	372	15	562	11	726	17	809	7	909	11	970	18	3346	12	3772	20		

DMC